Rosita de Carranza

Cocina *fácil*

Recetas sabrosas, rápidas y nutritivas

PANAMERICANA
EDITORIAL

Editor
Panamericana Editorial Ltda.

Dirección editorial
Conrado Zuluaga

Edición
María Cristina Rincón R.
Nohra Angélica Barrero

Diagramación
Martha Ramírez Jáuregui
Jenny Padilla C.

Fotografía
Maruka Fernández

Producción de fotografía
Emöke Ijjász S.
Clara Inés de Arango

Maquillaje de alimentos
Clara Inés de Arango

Carranza, Rosita de
   Cocina fácil : recetas sabrosas, rápidas y nutritivas / Rosita de Carranza ;
fotografía Maruka Fernández. -- Edición María Cristina Rincón., Nohra
Angélica Barrero. -- Santafé de Bogotá : Panamericana Editorial, 1999.

   160 p. : 24 cm. -- (Colección cocina práctica)
   ISBN 958-30-0705-6

1. Cocina 2. Gastronomía I. Fernández, Maruka, il. II. Rincón R., María
Cristina, ed. III. Barrero Zabaleta, Nohra Angélica, ed. IV. Tít. V. Serie
641.5 cd 20 ed.
AGT5201

     CEP-Banco de la República-Biblioteca Luis-Ángel Arango

Primera edición, Editorial Voluntad S.A., 1994
Primera edición en Panamericana Editorial Ltda., octubre de 1999
Cuarta reimpresión, mayo de 2006

© Panamericana Editorial Ltda.
Calle 12 No. 34-20, Tels.: 3603077 - 2770100
Fax: (57 1) 2373805
Correo electrónico: panaedit@panamericanaeditorial.com
www.panamericanaeditorial.com
Bogotá D. C., Colombia

ISBN: 958-30-0705-6

Impreso por Panamericana Formas e Impresos S. A.
Calle 65 No. 95-28, Tels.: 4302110 - 4300355, Fax: (57 1) 2763008
Quien sólo actúa como impresor.

Impreso en Colombia   Printed in Colombia

Contenido

Introducción 4

Palabras de la autora 5

Cómo poner la mesa 6

Algunas sugerencias 7

Aperitivos 8

Caldos y sopas 14

   Caldos 15

   Cremas 17

   Sopas 19

Huevos 29

Entradas frías y calientes 35

Frutos de mar 39

Aves 65

Carnes 72

   De ternera 73

   De cerdo 79

   De res 83

   De cordero 90

Arroces 91

Granos y legumbres 97

Pastas 104

Vegetales 111

Postres 137

Salsas 146

   Glosario 152

   Índice 155

Introducción

Las páginas que se abren a continuación constituyen el feliz testimonio de lo que puede conquistar la mujer para la felicidad de sus semejantes, cuando pone a volar las gracias del espíritu y, precisamente, las de la sensibilidad junto al fogón.

Porque hay una sutil diferencia en los matices del sabor cuando los manjares o simples platillos del yantar cotidiano son preparados por las manos femeninas. Una delicadeza, una prudencia en los tonos, un intimismo en las sazones, son las características de la mujer en este trance, dándole así un carácter muy especial a sus preparaciones.

Cabe agradecer entonces a Rosa de Carranza el fervor que ha puesto para dar a conocer, en nombre de la mujer colombiana, esta especie de memorias gastronómicas. Su aporte es ciertamente discreto, pero válido por brotar de la sensibilidad puesta al servicio de la cultura. El valor e interés de *Cocina fácil*, radican en que divulga generosamente un jugoso material gastronómico y en el buen sentido con que han sido ordenadas las recetas, para que resulten positivamente deleitosas, aunque hay que ser algo prudentes con el sentido del término *fácil*. La buena cocina requiere de cierta paciencia, de saber dialogar con el fuego y muchas veces con el tiempo para el éxito final. En la cocina, como en el amor, la precipitud o el arrebatado ardor sólo conlleva al fracaso. Una reducción, el trabajo de una salsa o el logro de una delicada sazón, casi nunca pueden hacerse bajo el afán de las horas.

Con esa paciencia y amor a la cocina Rosa de Carranza ha escrito este libro, grato y contagioso para la buena mesa. En sopas, carnes, pescados, aves, pastas y postres, entre otras tentaciones gulusmeras, cada quien puede hallar su perdición gozosa. Y una forma de alegrar el bandullo o la panza. Advirtiendo, desde ahora, que no son condumios para los obsesivos de las dietas o para quienes sueñan con una figura esbelta; pero han de apreciar las recetas aquellos que se interesan aún por ciertos sabores de España, Italia, México o Francia, aunque a veces no son muy ortodoxas. Es sensible, eso sí, que Rosa no hubiese incluido entre tan espléndido abanico de sabores, algo más de lo nuestro.

Cocina fácil es un libro que hará mucho bien al espíritu. Bien intencionado y sin pretensiones sale al mundo de la literatura culinaria. Por lo demás, estas recetas no obedecen a una maestría excepcional, ni a una clase o escuela de cocina determinada, lo que posiblemente mermaría su encanto. Tienen, por el contrario, otro embrujo. Eclécticas en su selección, ellas son el fruto de inteligentes experiencias viajeras, del trato con personas de refinados gustos y ánima sibarítica; muchas de ellas quizá fueron experimentadas deleitosamente por la autora, mientras Eduardo, el poeta de altísima y melancólica voz, en corros de amigos soltaba la saeta del amor:

«Tú, mi mujer/ con sus hombros de vino de champaña/ y su cintura de reloj de arena.»/ Recto gajo de Sal y de Naranjo./ Rojo azahar. Manzana gemidora./ Vena de plata en la mina del aire./ Cámbulo azul. Campana de rocío.

Y los aromas salidos de la mano de Rosa volando en el aire y la luz de la tarde.

Lácydes Moreno Blanco

Palabras de la autora

El título del libro que tiene en sus manos plantea una de las realidades del mundo moderno: cocinar debe ser fácil porque contamos con poco tiempo para preparar una comida apetitosa y balanceada. Sin embargo, nuestro organismo tiene exigencias de calidad y variedad, que deben ser satisfechas para lograr una buena salud.

Los alimentos, de acuerdo con su poder nutritivo y la función que desempeñan en el organismo, pueden clasificarse en:

✳ **formadores,** estos incluyen la leche, los derivados lácteos, todas las carnes, huevos y vegetales. Contienen proteínas, vitaminas y minerales, esenciales para la construcción y desarrollo del organismo;

✳ **reguladores,** en este grupo se encuentran los vegetales y frutas. Son ricos en vitaminas A y C, minerales, agua y fibra. Ayudan al crecimiento y desarrollo corporal, previenen infecciones, conservan la piel y la visión;

✳ **energéticos,** representados por los cereales y derivados, tubérculos, grasas y azúcares. Contienen carbohidratos y grasas. Su función es proveer energía y mantener la temperatura corporal.

Una alimentación balanceada, además de aportar los elementos necesarios, puede servir para solucionar algunas deficiencias nutricionales debidas a dietas insuficientes. Nuestro objetivo es contribuir, con nuestras recetas, a que esto sea posible.

Deseamos que este libro le ayude a elegir acertadamente su próximo menú.

Cómo poner la mesa

❋ Extienda el mantel sobre un paño, que no sólo servirá para atenuar los sonidos, sino también para proteger la mesa.

❋ Coloque las servilletas sobre el plato grande. Si la sopa o entrada están servidas, las servilletas deben colocarse a la izquierda del plato.

❋ Cuando desee disponer adornos centrales, procure que éstos sean bajos, para que no incomoden a los invitados.

❋ Ubique primero un plato grande que servirá para las carnes y acompañamientos. Si ofrece entrada, coloque un segundo plato sobre el anterior.

Para la sopa, este segundo plato deberá ser hondo, o si se trata de cremas o consomé, puede utilizar tazas con dos asas.

El plato para pan debe colocarse frente al plato grande, a la izquierda.

❋ El orden de los cubiertos corresponde al de los platos a servir: hacia afuera los que se utilizarán primero, y al lado del plato grande los últimos. Los tenedores siempre van a la izquierda, los cuchillos (con el filo hacia adentro) a la derecha y las cucharas a continuación de los cuchillos.

Los cubiertos de postre deben colocarse frente a la parte superior del plato grande, en el siguiente orden: tenedor, con el mango hacia la izquierda o derecha, según se use o no cuchillo; cuchillo y cuchara (si el postre la requiere) con el mango hacia la derecha.

❋ Para los helados debe utilizar cuchara especial.

❋ Para los quesos debe disponer un plato mediano con tenedor y cuchillo de postre.

❋ Al frente del plato grande coloque el vaso o copa para el agua; un poco más abajo la copa para vino tinto y luego la de vino blanco.

Las copas deben retirarse a medida que cambian los vinos.

Una botella de 750 cc alcanza para servir 7 copas de 9 a 10 oz de capacidad.

Si desea servir Champagne, esta bebida no admite otros vinos de mesa. Por lo tanto, la copa en que se servirá debe colocarse en el lugar de las de los vinos.

Algunas sugerencias

✳ *Aguacate:* las cáscaras pueden rellenarse. Rociar la pulpa con jugo de limón evitará que se oscurezca. Es mejor prepararlo antes de servir.

✳ *Apio:* separe los tallos de las ramas y corte sus bordes a lo largo. Con la mano, pártalos por el lado liso, para retirar las fibras con facilidad. Lave con agua fría; escurra.

✳ *Arvejas:* cocínelas a fuego medio por 30 minutos, para evitar que se desprenda la película que las envuelve. Retire, cuele y enjuague con agua muy fría para que conserven su color. No use olla de presión.

✳ *Berenjenas:* para que no se oscurezcan, pélelas a lo largo comenzando por el tallo, frótelas con sal y deje reposar por $1/2$ hora para que no se amarguen.

✳ *Brócoli, coliflor, repollo y repollitas de Bruselas:* sumérjalos en agua hirviendo por 5 minutos. Escurra y enjuague con abundante agua fría para eliminar el *mercaptan*, sustancia responsable del olor fuerte que despiden al cocinarlos. Hierva en agua con sal, hasta que esté blando.

✳ *Caldo:* conviene tenerlo listo antes de empezar a elaborar las sopas con que se usa pues su cocción requiere más de una hora. Las recetas que se proporcionan en las págs. 15 y 16 le permitirán utilizar la cantidad necesaria y refrigerar el resto (duran bastante tiempo sin alterarse).

✳ *Espinacas:* lave cada hoja con cuidado, rocíelas con sal y cocine sin agregar agua. Cuando se vean marchitas, retire y enjuague con agua bien fría para que conserven el color.

✳ *Champiñones:* lave uno por uno en abundante agua. Corte los extremos de los tallos. Sumérjalos en agua con jugo de limón, por 15 minutos. Salpiméntelos después de cocidos, de lo contrario sueltan mucha agua.

✳ *Habichuelas:* se deben despuntar y partir a mano, nunca con cuchillo. Retire los hilos de los lados.

✳ *Lechuga:* lave cada hoja con cuidado. Pártalas a mano en trozos pequeños. Remoje en agua muy fría por 30 minutos y escurra bien.

✳ *Pescados y mariscos:* para descongelarlos, llene un recipiente no metálico con agua fría salada y sumérjalos por 1 hora. Escurra y seque con una tela. Este tratamiento revive un poco su sabor.

✳ *Plátanos:* pueden prepararse hervidos, fritos y horneados. Cuando se fríen es mejor pelarlos en el momento de usar para que no se oscurezcan, y partirlos a mano.

✳ *Pimientos y chiles:* para pelarlos áselos sobre parrilla caliente volteándolos para que se negreen por todos lados. Envuélvalos en papel grueso o déjelos por unos minutos dentro de una bolsa de papel cerrada. Pele, retire los tallos (si los tuvieran), descarte las semillas y recoja los jugos que pudieran soltar.

✳ *Remolachas:* lave y cocínelas sin pelar para que no pierdan el color.

✳ *Tomates:* para pelarlos, sumérjalos en agua hirviendo por 3 minutos. Retire, enfrie y quite la cáscara. Acompañan muy bien las carnes.

✳ *Yuca:* para que este tubérculo no se oscurezca o tome un sabor amargo, pele, retire la fibra central y refrigere hasta el momento de usar.

Aperitivos

CONTIENE RECETAS PARA PREPARAR:

**Mariscos, aves, carnes
vegetales y quesos.**

Alas de pollo

24 alas de pollo sin piel
sal y vinagre, al gusto
1 taza de manteca de cerdo o aceite
papel aluminio

Salsa:

4 tomates grandes, pelados, sin semillas y
finamente picados (ver pág. 7)
4 cebollas rojas medianas, finamente picadas
3 dientes de ajo, finamente picados
sal y vinagre, al gusto

Cortar las alas en mitades. En esta receta sólo se utilizan las mitades que tienen más carne. Las restantes pueden reservarse para preparar caldo de ave (pág. 15). Empujar la carne de las alas hacia arriba, frotar con sal y un poquito de vinagre; reservar.

En un mortero, triturar el tomate con la cebolla, ajo y un poco de sal y vinagre. Verter en un recipiente, incorporar las alas reservadas y añadir un poquito de agua (sólo la necesaria). Tapar y cocinar a fuego bajo hasta que la carne esté tierna. Retirar las alas y reservar la salsa.

Un poco antes de servir, en una sartén grande calentar la manteca (o aceite) y freír las alas hasta dorar por todos lados. Escurrirlas sobre toallas de papel y luego envolver las puntas de los huesos con un trozo de papel blanco o de aluminio.

Dejar en la sartén sólo 1 cucharada de la manteca (o aceite) utilizada y cocinar la salsa reservada por unos minutos, a fuego alto.

Disponer la salsa en un tazón. Colocar éste en el centro de un plato de servir con las alas alrededor, para que cada comensal pueda mojarlas a su gusto.

Calamares rebozados

1 lb de calamar limpio (fresco o congelado)
sal y pimienta, al gusto
1 taza de aceite

Pasta para freír:

1 huevo
1 taza de harina de trigo
1 taza de agua bien fría
1 cda. de aceite de oliva
$1/2$ cdita. de azúcar

Si los calamares están congelados, remojarlos durante 1 hora en agua salada revivirá un poco su sabor. Escurrir, cortar en anillos, secar con una tela y salpimentar al gusto.

Si los calamares están frescos, cortar en anillos de $1/2$ cm y salpimentar al gusto.

Batir el huevo con los ingredientes restantes de la pasta, hasta que estén mezclados.

Pasar los anillos por la pasta hasta que estén bien cubiertos y freír en el aceite caliente hasta dorar. Escurrir sobre toallas de papel y servir calientes.

Rollos de espinaca con hígados de pollo

1 atado de espinaca, con hojas grandes y enteras
sal al gusto
1 taza de caldo de ave (ver pág. 15)

Relleno:

1 cebolla blanca mediana, picada
4 tomates medianos, pelados y picados en cubos
(ver pág. 7)
1 diente de ajo triturado
aceite para freír
1/2 copa de vino blanco seco
1 hoja de laurel, triturada
1 cdita. de tomillo fresco
sal y pimienta, al gusto
1 lb de hígados de pollo, licuados

Primero preparar el relleno: sofreír la cebolla con el tomate y el ajo en un poco de aceite caliente, a fuego alto por unos minutos. Incorporar el vino, laurel, tomillo, sal, pimienta y el licuado de hígados. Dejar cocinar por unos minutos y reservar.

Aparte, descartar los tallos de las hojas de espinaca. Colocarlas en un recipiente sin agua, con un poco de sal (el agua que queda en las hojas después de lavarlas es suficiente para la cocción). Cocinarlas apenas por unos segundos, para ablandarlas. Escurrir, rellenar con la pasta de hígado reservada y enrollar.

Colocar los rollos en una refractaria, con la abertura hacia abajo. Rociar con el caldo y hornear a 220°C (425°F) hasta que el caldo se consuma por completo. Servir caliente.

PARA 6 PERSONAS

Fritos de berenjena

3 berenjenas grandes (ver pág. 7)
sal y pimienta, al gusto
1/2 taza de harina de trigo
2 huevos batidos
1/2 taza de aceite

Pelar, cortar en finas rodajas y sazonar las berenjenas con sal y pimienta. Dejar reposar por 15 minutos; escurrir y rebozar en la harina. Pasarlas por el huevo batido y freír en el aceite caliente hasta que tomen un bonito color. Escurrir sobre toallas de papel y servir calientes.

PARA 6 PERSONAS

Pimientos en aceite

2 pimientos rojos grandes
1/2 taza de aceite de oliva
3 cdas. de vinagre
1 cdita. de azúcar
1 pan francés (baguette) cortado en rodajas

Cocinar los pimientos en agua hirviendo durante 20 minutos, a fuego alto. Retirar y escurrir.

Descartar los tallos y cortar en mitades los pimientos. Desechar las semillas.

Cortarlos en finas tiras y colocar estas en un recipiente de servir con el aceite, vinagre y azúcar.

Servir fríos con rodajas de pan francés.

Tahine con garbanzos

1/2 lb de garbanzos remojados en agua desde la
víspera (reservar el agua)
jugo colado de 2 limones grandes
sal al gusto
3 cdas. de tahine (pasta de ajonjolí)
3 dientes de ajo triturados en mortero hasta
obtener una pasta
un poco de aceite de oliva
tostadas, pan árabe (pita), papas fritas o
panecillos, para acompañar (a su elección)

En olla de presión, cocinar los garbanzos en el
agua de remojo, por 1/2 hora, contada desde que
la olla comience a pitar. Retirar, escurrir y descartar las cáscaras. Licuar los garbanzos hasta
obtener un puré.

Mezclar el puré con el jugo de limón, sal, *tahine* y
ajos, batiendo suavemente hasta que esté cremo-
so. Para una mejor presentación, puede rociarse
con un poco de aceite de oliva. Dejar enfriar a
temperatura ambiente. Servir con el acompañamiento de su elección.

Apio con Camembert
o queso crema

1 apio entero (ver pág. 7)
1 caja de Camembert o queso crema

En cada tallo de apio partir con las manos un trozo de 8 cm, por la parte más ancha. Rellenar con
el queso y servir.

Rollitos de pan y jamón

1 paquete mediano de pan de molde tajado,
sin cortezas
2 tazas de leche
1 cdita. de mostaza
jamón York, cortado en tajadas finas y luego,
en mitades (1 por cada 1/2 tajada de pan)
mantequilla derretida, cantidad suficiente
1/2 taza de queso Parmesano rallado

Cortar cada tajada de pan en mitades. Disponerlas sobre una tela humedecida. Aparte, mezclar
la leche con la mostaza y rociar sobre las tajadas
de pan, empapándolas bien. Cubrir cada trozo de
pan con 1/2 tajada de jamón y enrollarlos juntos.

Engrasar una refractaria panda con mantequilla, disponer encima los rollos con la abertura
hacia abajo y rociar cada uno con 1/2 cucharadita de mantequilla. Salpicar con el queso Parmesano y hornear a 190°C (375°F) hasta dorar. Servir de inmediato.

Nota: utilizando la tajada de pan entera, pueden
servirse como entrada en una comida, o como
plato de sal a la hora del té.

También pueden prepararse como aperitivo, con
salchichas pequeñas en remplazo del jamón.

Tapenade

*1 lata de filetes de anchoa, lavados,
escurridos y picados*
1/2 lb de aceitunas negras, deshuesadas y picadas
*1 frasco de alcaparras, lavadas,
escurridas y picadas*
2 cdas. de jugo de limón
3 cdas. de Cognac
sal y pimienta, al gusto
1 cdita. de mostaza
7 cdas. de aceite
*30 rodajas de pan francés, cortadas
en triángulos*

En una batidora, mezclar todos los ingredientes, excepto el pan, hasta obtener una pasta espesa y cremosa. Disponer en un recipiente de servir y refrigerar hasta el momento de usar. Servir sobre triángulos de pan francés.

PARA 30 PORCIONES

Tostadas con queso azul

6 cdas. de queso crema
6 finas tajadas de queso azul
pimienta blanca, al gusto
2 cdas. de maní molido
2 cdas. de mantequilla a temperatura ambiente
24 rodajas de pan francés (baguette)

Con un tenedor, combinar ambos quesos. Agregar la pimienta y el maní; mezclar hasta obtener una pasta suave y cremosa.

Untar las rodajas de pan con la mantequilla y luego cubrirlas con la pasta de queso; disponerlas sobre una lata. Precalentar el horno a 220°C (425°F) y hornear por 5 minutos. Servir calientes.

PARA 24 TOSTADAS

Uvas con queso

uvas verdes
cubos de queso Mozzarella
palillos de madera

En cada palillo ensartar una uva y un cubo de queso; servir.

❋ Croquetas de camarones

Ver fotografía en la página 49.

3 cdas. de mantequilla a temperatura ambiente
1/4 lb de jamón serrano, finamente picado
6 cdas. de harina de trigo
2 tazas de leche hirviendo
sal, pimienta y nuez moscada, al gusto
1 lb de camarones pelados, desvenados y picados gruesos
1 cda. de cebolla blanca, finamente picada
2 huevos batidos
1 taza de pan rallado
aceite para freír

Derretir la mantequilla en un recipiente. Agregar el jamón y dejar cocinar por unos minutos. Añadir 3 cucharadas de harina y rehogar. Incorporar la leche. Revolver vigorosamente con batidor hasta obtener una pasta suave. Sazonar con sal, pimienta y nuez moscada al gusto. Incorporar los camarones y la cebolla; cocinar por 5 minutos más y luego verter en una bandeja panda. Espolvorear la superficie con un poco de harina y refrigerar, mínimo por 2 horas.

Con 2 cucharas de madera, formar 36 croquetas. Rebozar primero en la harina restante, luego en el huevo y por último en el pan rallado. Freír las croquetas en aceite bien caliente; escurrir sobre toallas de papel y servir calientes.

PARA 36 PORCIONES

Nota: estas croquetas se pueden hacer con cubitos de jamón, de pollo, langostinos y sobrantes de carnes. Se pueden recalentar en horno suave.

Caldos y sopas

Caldos 15
Cremas 17
Sopas 19

CALDOS

Caldo de ternera

4 lb de huesos de rodillas de ternera
(chocozuela), cortados en trocitos
2 zanahorias grandes sin pelar,
cortadas en trozos
2 puerros grandes, cortados en rodajas
1 tallo grande de apio, cortado en trozos
2 nabos grandes, cortados en rodajas gruesas
1 lb de tomate, partido a mano en trozos
24 tazas de agua fría
sal y pimienta, al gusto

Tostar ligeramente los huesos en el horno. Colocarlos en un recipiente grande con los ingredientes restantes. Cocinar a fuego bajo por 3 horas. Colar y usar de inmediato, o refrigerar dentro de un recipiente no metálico, tapado.

Para 12 platos

Caldo de pescado

2 lb de cabezas de pescado, limpias
y cortadas en trozos
16 tazas de agua fría
1 puerro mediano o cebolla larga, en rodajas
2 zanahorias medianas, cortadas en rodajas
1 ramillete de hierbas que contenga
1 tallo de apio
sal y pimienta, al gusto

Colocar todos los ingredientes en un recipiente grande y dejar hervir. Espumar y continuar la cocción a fuego medio por 3/4 de hora. Colar y usar de inmediato, o refrigerar dentro de un recipiente no metálico, tapado.

Para 12 platos

Nota: este caldo puede prepararse con sobrantes de pescado.

Caldo de ave

huesos y sobrantes de 2 pollos
30 tazas de agua fría
2 zanahorias medianas, cortadas en rodajas
2 pepinos o cebollas largas, cortados en rodajas
1 tallo de apio, cortado en trozos
sal y pimienta, al gusto

Colocar todos los ingredientes en un recipiente grande y dejar hervir. Espumar y continuar la cocción a fuego medio por 2 horas más.

Colar y usar de inmediato, o refrigerar dentro de un recipiente no metálico, tapado.

Para 12 platos

Caldo sencillo

2 lb de costilla de res o hueso con carne
24 tazas de agua fría
2 rábanos blancos medianos, cortados en trozos
2 cebollas blancas grandes, cortadas en trozos
6 hojas de lechuga
2 zanahorias medianas sin pelar, en trozos
3 ramitas de perejil; 2 tallos de apio
sal al gusto

Colocar todos los ingredientes en un recipiente grande. Dejar reposar por 15 minutos y luego dejar hervir a fuego alto. Continuar la cocción a fuego bajo por 30 minutos más. Colar y usar de inmediato, o refrigerar dentro de un recipiente no metálico, tapado.

Para 12 platos

✳ Consomé de albondiguillas

1/2 lb de hueso poroso
1 zanahoria pequeña
1 cebolla larga (incluir la parte verde)
1 tallo de apio
14 tazas de agua fría
sal y pimienta, al gusto
*1/2 lb de pierna de res limpia, sin grasa
y cortada en cubitos*
*1/4 lb de pierna de cerdo limpia, sin grasa
y cortada en cubitos*
*1 taza de miga de pan remojada en 4 cdas.
de leche, exprimida*
*1/2 tronco de lechuga (donde vienen
insertadas las hojas)*
1 cebolla blanca pequeña, cortada en trozos
1 huevo
1/2 cdita. de laurel en polvo
2 cdas. de harina de trigo
1/2 taza de aceite

En una olla de presión, cocinar el hueso con la zanahoria, cebolla larga, apio, agua y 1 cucharadita de sal, a fuego alto. Cuando comience a hervir, espumar, tapar y cocinar a fuego medio por 1 hora, contada desde que la olla comience a pitar. Colar el caldo y reservar.

Moler ambas carnes dos veces; en la segunda moler con la miga de pan, la lechuga y la cebolla blanca. Amasar con el huevo, sal, laurel y pimienta. Formar albóndigas pequeñas ayudándose con una cucharita. Rebozarlas en la harina.

Calentar el aceite en una sartén grande a fuego alto y freír las albóndigas por todos lados, hasta dorar. Escurrirlas sobre toallas de papel. Cocinar las albóndigas en el caldo colado, a fuego alto por 15 minutos. Antes de servir, retirar la grasa del caldo con una espumadera.

PARA 6 PERSONAS

Caldo a la francesa

3 lb de carne de res magra, cortada en cubos
1/2 lb de huesos blancos
24 tazas de agua fría
sal al gusto
2 zanahorias grandes, cortadas en trozos
2 cebollas blancas grandes, cortadas en trozos
2 nabos medianos, cortados en rodajas gruesas
6 puerros, cortados en rodajas

Colocar la carne y los huesos en un recipiente grande. Verter 21 tazas de agua fría y sal al gusto. Dejar hervir a fuego alto. Cuando comience a formar espuma, añadir 1 taza de agua fría. Dejar hervir y repetir 2 veces más esta operación. Espumar muy bien.

Incorporar los vegetales y continuar la cocción a fuego bajo por 3 horas más. Colar (si se desea un caldo más claro, cubrir el colador con una tela húmeda).

Usar de inmediato o refrigerar dentro de un recipiente no metálico, tapado.

PARA 12 PLATOS

Nota: si se utiliza como consomé, agregar 2 claras de huevo batidas a punto de nieve, para clarificarlo. Dejar hervir a fuego bajo por 5 minutos. Volver a colar y agregar una copa de Jerez, si se desea.

Crema madrileña

2 zanahorias grandes, cortadas en tiras finas
agua, cantidad suficiente
sal al gusto
2 cdas. de mantequilla o margarina
2 puerros o cebollas largas grandes,
cortados en tiras finas
5 tomates medianos, cortados en cubos
(ver pág. 7)
1 pizca de azúcar
sal y pimienta, al gusto
8 tazas de caldo sencillo hirviendo (ver pág. 15)
2 cdas. de fécula de maíz disuelta
en 1/2 taza de agua fría

Cocinar las zanahorias en el agua con sal, a fuego alto, hasta que estén tiernas. Escurrir y reservar.

Derretir la mantequilla en un recipiente grande a fuego alto. Agregar la cebolla y freír hasta dorar. Incorporar el tomate; sazonar con azúcar, sal y pimienta al gusto. Tapar y continuar la cocción a fuego medio, por 10 minutos más.

Verter el caldo hirviendo y la fécula sobre la cebolla y el tomate. Revolver y continuar la cocción hasta obtener una crema suave. Añadir la zanahoria reservada y servir de inmediato.

PARA 6 PERSONAS

Crema de auyama

3 cdas. de mantequilla o margarina
3 tazas de papa pelada, cortada en cubos
4 tazas de auyama pelada, cortada en cubos
8 tazas de agua fría
sal y pimienta, al gusto
3 cdas. de crema de leche
1 yema de huevo
1 cda. de perejil, finamente picado

En un recipiente grande, calentar la mantequilla a fuego medio. Incorporar la papa y la auyama. Tapar y cocinar por 10 minutos. Agregar el agua y continuar la cocción hasta que la papa y la auyama estén tiernas.

Licuar, incorporar de nuevo al recipiente y dejar hervir a fuego alto; salpimentar. Retirar del fuego.

Aparte, mezclar la crema de leche con la yema de huevo y revolver con la sopa para ligar. Espolvorear con el perejil y servir de inmediato.

PARA 6 PERSONAS

Crema de arvejas

2 tazas de arvejas deshidratadas lavadas,
remojadas en agua desde la víspera
(reservar 5 tazas del agua)
1 zanahoria mediana
1 tallo de apio
6 hojas de lechuga
sal al gusto
1 pizca de azúcar
2 cdas. de mantequilla o margarina
2 puerros cortados en rodajas
(partes blancas y verdes)
6 tazas de caldo

En una olla de presión verter las 5 tazas del agua en que se remojaron las arvejas. Incorporar un ramillete formado con la zanahoria, el apio y la lechuga, atados. Sazonar con la sal y el azúcar. Dejar hervir sin tapar, a fuego alto. Espumar, tapar y cocinar a fuego medio por media hora, contada desde el momento en que comience a pitar.

Aparte, en una sartén, derretir la mantequilla y freír las rodajas de puerro. Verter en la olla, incorporar las arvejas y cocinar a fuego medio hasta que estén muy tiernas. Descartar el ramillete, colar y retirar las arvejas. Licuarlas con el caldo y colar. Rectificar la sazón, volver a colar y servir bien caliente.

PARA 6 PERSONAS

Nota: las arvejas deshidratadas pueden remplazarse por 2 tazas de arvejas frescas o enlatadas. Cuando se remplacen, al freír el puerro en la mantequilla incorporar 2 cucharadas de harina de trigo.

Crema de mazorca

2 tazas de agua fría
1/2 cdita. de sal
3 cdas. de arvejas frescas desgranadas
3 tazas de maíz tierno, desgranado
1/2 taza de repollo picado grueso
10 tazas de caldo de res
1 diente de ajo
1 1/2 tazas de agua fría
sal al gusto
6 cditas. de crema de leche

Hervir las 2 tazas de agua con la 1/2 cucharadita de sal, a fuego alto. Incorporar las arvejas, 1 taza de granos de maíz y el repollo. Cocinar a fuego medio hasta que estén tiernos. Colar el líquido sobre el caldo de res. Refrescar las arvejas y el maíz con agua helada para que conserven el color; reservar.

Licuar las 2 tazas restantes de granos tiernos de maíz con el ajo y 1/2 taza de caldo frío. Colar agregando 1 1/2 tazas de agua fría para lavar el residuo, que debe exprimirse bien. Verter sobre el caldo restante, revolviendo con cuchara de madera. Rectificar la sazón, añadir las arvejas y la mazorca reservadas. Cocinar a fuego alto sin dejar de revolver, hasta que hierva. La crema debe estar un poco espesa y suave. Retirar del fuego, mezclar con la crema de leche y servir de inmediato.

PARA 6 PERSONAS

Gazpacho andaluz

Sopa fría

1 diente de ajo grande
2 pimientos sin semillas, cortados en tiras
sal al gusto
10 tazas de agua fría
4 tomates medianos, cortados en trozos
1 taza colmada de miga de pan, remojada
y escurrida
5 cdas. de aceite de oliva
2 cdas. de vinagre
cubitos de pan tostado, para acompañar

Licuar el ajo con los pimientos, un poco de sal, 4 tazas de agua, los tomates y la miga de pan.

Cuando estén bien mezclados, incorporar poco a poco el aceite, trabajándolo como si fuera una mayonesa.

Colar la mezcla sobre una sopera, presionando con una cuchara a medida que se agregan 6 tazas de agua sobre el colador.

Mezclar con el vinagre, rectificar la sazón y servir muy frío, con cubitos de pan tostado.

PARA 6 PERSONAS

Sopa de ajos

2 cdas. de aceite
8 dientes de ajo grandes, picados
1 cda. de paprika en polvo
1 pan francés mediano, duro, cortado
en finas rebanadas
8 tazas de agua fría
sal y pimienta, al gusto
4 huevos, separados

Calentar el aceite en una cazuela de barro. Incorporar los ajos y dejar dorar. Agregar la paprika y las rebanadas de pan duro. Dejar freír y verter el agua; salpimentar al gusto.

Cocinar a fuego bajo por 10 minutos. Incorporar las claras de huevo, regándolas por todo el líquido. Batir las yemas y verter sobre la sopa. Revolver y retirar del fuego de inmediato para evitar que hierva, porque las yemas se coagularán. Servir bien caliente.

PARA 6 PERSONAS

Sopa de camarones

2 cebollas largas (sólo parte blanca), picadas
4 zanahorias medianas, cortadas
en rodajas finas
1 tomate grande, cortado en cubos (ver pág. 7)
aceite
2 lb de camarones frescos (o langostinos)
pelados y desvenados (reservar las cabezas
y los caparazones)
1/2 cda. de vino blanco seco
1/2 taza de agua fría
8 tazas de caldo sencillo (ver pág. 15)
sal y pimienta, al gusto
2 cdas. de crema de leche
arroz cocido seco, para acompañar

En un recipiente grande, freír la cebolla con la zanahoria y el tomate en aceite caliente. Incorporar las cabezas y caparazones de camarón. Cocinar sin dejar dorar.

Añadir el vino, tapar y cocinar a fuego bajo hasta que la zanahoria esté tierna. Si se seca durante la cocción, agregar 1/2 taza de agua. Licuar y luego colar. Incorporar de nuevo al recipiente, adicionar el caldo y salpimentar.

Dejar hervir a fuego alto. Incorporar los camarones y continuar la cocción por 2 minutos más. Retirar del fuego y mezclar con la crema .

Servir caliente con arroz cocido seco, para que cada comensal lo mezcle al gusto.

PARA 6 PERSONAS

Sopa de cebolla

6 cdas. de mantequilla
3 puerros grandes, cortados en finas rodajas
1 cda. colmada de harina de trigo
6 tazas de caldo sencillo (ver pág. 15)
sal al gusto
1 pizca de nuez moscada rallada
1 diente de ajo, finamente picado
2 cdas. de vino blanco seco
18 rodajas finas de pan francés, tostadas
(preferentemente pan del día anterior)
6 cdas. de queso Gruyère, rallado
mantequilla cortada en trocitos

Derretir la mantequilla en una sartén grande, a fuego alto. Incorporar las rodajas de puerro y sofreír a fuego bajo hasta que estén cocidas, sin dejar dorar. Mezclar con la harina. Incorporar el caldo, sal, nuez moscada y ajo. Cocinar por 15 minutos. Añadir el vino y reservar caliente.

Cubrir 6 cazuelas individuales de barro con las tostadas de pan. Salpicar cada una con 1/2 cucharada de queso rallado. Verter encima la sopa de cebolla caliente hasta las 3/4 partes de las cazuelas. Salpicar con 1/2 cucharada de queso y disponer encima trocitos de mantequilla.

Precalentar el horno a 220°C (425°F) y hornear la sopa hasta dorar la superficie.

PARA 6 PERSONAS

Sopa cremosa de coliflor

agua, cantidad suficiente
sal al gusto
1 coliflor grande o 2 pequeñas, sin hojas,
separadas en flores, con sus tallos
3 papas medianas, peladas y cortadas
en rodajas gruesas
5 tazas de agua hirviendo
sal al gusto
3 cdas. de mantequilla o margarina
4 tazas de leche hirviendo

En un recipiente pequeño, hervir agua con sal y cocinar 36 de las flores a fuego bajo hasta que estén tiernas, sin deshacerse. Retirar y refrescar con agua fría. Escurrir bien y guardar aparte, para añadirlas en el último momento. Reservar el líquido de cocción.

Pelar los troncos de la coliflor restante y cortarlos en trozos. Cocinar las flores con los troncos en un recipiente grande con las rodajas de papa, 5 tazas de agua hirviendo y sal al gusto, hasta que estén blandos. Licuar con el líquido de cocción reservado. Incorporar de nuevo al recipiente.

Agregar la mantequilla y la leche; rectificar la sazón. Añadir las flores reservadas y servir caliente.

PARA 6 PERSONAS

Sopa al instante

6 tazas de caldo sencillo (ver pág. 15)
6 calados o tajadas de pan de molde
6 huevos
6 cdas. de queso Gruyère, rallado
unas gotas de mantequilla derretida

En un recipiente a fuego alto, hervir el caldo por 1 minuto.

Aparte, en cazuelas de barro o refractarias individuales disponer 1 calado o tajadas de pan, con la parte cóncava hacia arriba (ver nota). Cascar 1 huevo sobre cada calado o tajada. Espolvorear encima del huevo con 1 cucharada de queso y rociar con gotas de mantequilla.

Hornear las cazuelas a 205°C (400°F) hasta cocinar ligeramente el huevo. Retirar del horno y con cuidado, quitar la clara que sobresalga del calado o tajada. Verter el caldo hirviendo encima. Servir de inmediato.

PARA 6 PERSONAS

Nota: en esta sopa conviene que el huevo quede sobre el pan o galleta, para que no enturbie el caldo. Si se utilizan tajadas de pan, puede ahuecar el centro retirando un poco de miga, para poder depositar allí el huevo.

Sopa de lentejas Esaú

1 taza colmada de lentejas, remojadas
agua fría, cantidad suficiente
1 zanahoria pequeña, cortada en rodajas
1 cebolla larga
1 ramillete de hierbas que contenga apio
4 cdas. de mantequilla
1 cebolla blanca picada
1 taza escasa de arroz, lavado y escurrido
4 tazas de caldo sencillo o de ternera
(ver pág. 15)
sal y pimienta, al gusto
1/2 taza de crema de leche

En un recipiente grande, colocar las lentejas remojadas y cubrirlas con agua fría. Incorporar la
zanahoria, la cebolla larga y el ramillete de hierbas. Dejar hervir a fuego alto, espumar y continuar la cocción hasta que las lentejas estén tiernas.

Aparte, derretir 3 cucharadas de mantequilla y
sofreír la cebolla blanca. Incorporarla a las lentejas, añadir el arroz y continuar la cocción por
30 minutos más.

Colar. Añadir el caldo. Colar de nuevo y salpimentar al gusto.

Mezclar con la cucharada restante de mantequilla y la crema de leche. Revolver bien. Servir muy
caliente.

PARA 6 PERSONAS

Nota: esta sopa puede prepararse con lentejas
sobrantes de una comida.

Sopa de habas y acelga

3 cdas. de mantequilla o margarina
3 cebollas largas, cortadas en tiras finas
sal, pimienta blanca y azúcar, al gusto
14 tazas de agua hirviendo
2 tazas de habas frescas, peladas
2 tazas de acelga sin vena, cortada en tiras
2 tazas de papa pelada, cortada en medias
rodajas finas
2 yemas de huevo
6 cdas. de crema de leche

Derretir la mantequilla en un recipiente grande,
a fuego alto. Incorporar la cebolla y sofreír por 1
minuto. Sazonar con sal, pimienta y azúcar al
gusto. Verter el agua hirviendo y agregar las habas, acelga y papa. Cocinar a fuego medio por 30
minutos.

Aparte, batir las yemas con la crema, verter sobre la sopa, revolver con cuchara de madera.
No debe hervir porque se corta. Servir de inmediato.

PARA 6 PERSONAS

Sopa de hierbabuena

8 tazas de caldo sencillo hirviendo (ver pág. 15)
12 cdas. de arroz cocido
2 cdas. de hierbabuena picada
1 yogurt natural sin dulce, a temperatura
ambiente
2 yemas de huevo

En un recipiente grande, mezclar el caldo hirviendo con el arroz y la hierbabuena. Hervir a fuego alto y retirar. Mezclar de inmediato con el yogurt previamente batido con las yemas. Una vez incorporadas las yemas no debe hervir más porque se corta. Servir de inmediato.

Para 6 personas

Sopa de queso

Ver fotografía en la página 50.

8 tazas de caldo sencillo hirviendo (ver pág. 7)
3 cebollas blancas grandes, cortadas
en tiras finas
3 tomates pelados, sin semillas
y cortados en cubos (ver pág. 7)
pan francés (del día anterior) cortado
en 18 rodajas finas
12 cdas. de queso Gruyère, rallado

Cocinar el caldo con la cebolla y tomate, por 20 minutos a fuego alto. Reservar. Aparte, precalentar 6 cazuelas que contengan un poquito de agua caliente, en horno a 220°C (425°F) por unos minutos. Descartar el agua y cubrir el fondo de cada cazuela con capas alternadas de pan y queso, hasta llegar a la mitad de cada recipiente. Agregar el caldo y servir de inmediato.

Para 6 personas

Sopa de pescado al cuarto de hora

1/2 lb de almejas, lavadas y escurridas
agua, cantidad suficiente
4 cdas. de aceite
1 cda. de cebolla blanca picada
1/2 lb de jamón serrano, cortado en cubitos
3 tomates medianos, pelados y finamente
picados (ver pág. 7)
paprika, al gusto
6 tazas de agua
1 taza de filete de corvina, cortado en trocitos
1/2 lb de camarón fresco, pelado y desvenado
2 tazas de arvejas desgranadas
2 cdas. de arroz
sal y pimienta. al gusto
1 huevo duro picado
12 croûtons (cubitos de pan, tostados)
1 ramita de perejil, picada

Cocinar las almejas en el agua por 10 minutos, hasta que abran. Descartar las que no lo hagan. Reservar la carne de las almejas y el caldo.

Calentar el aceite en un recipiente grande y sofreír la cebolla y el jamón a fuego bajo, tapado. Añadir el tomate, freír por 5 minutos y agregar la paprika. Añadir 6 tazas de agua, la corvina, los camarones, las arvejas y el arroz. Salpimentar. Dejar hervir por 1/2 hora y añadir las almejas, el caldo en que se cocinaron y el huevo.

Verter en una sopera, sobre los *croûtons*. Servir bien caliente decorado con perejil.

Para 6 personas

Sopa de zanahoria

1 cda. de mantequilla
6 zanahorias grandes, peladas
y cortadas en cubos
sal, pimienta y nuez moscada en polvo, al gusto
5 tazas de agua
6 cdas. de crema de leche
1 yema de huevo
1/2 cdita. de cáscara rallada de naranja
2 cdas. de perejil, finamente picado
palitos de hojaldre o galletas de sal,
para acompañar

Calentar la mantequilla en una olla de presión y freír la zanahoria a fuego alto por 10 minutos; revolver con frecuencia. Sazonar con sal, pimienta y nuez moscada. Verter 1 taza de agua sobre las zanahorias, tapar y cocinar a fuego alto por 10 minutos más, contados desde que la olla comience a pitar. Destapar, añadir el agua restante y licuar la preparación. Incorporar de nuevo a la olla y dejar hervir sin tapar; revolver con cuchara de madera. La sopa debe quedar con la consistencia de una crema suave.

Aparte, mezclar la crema de leche con la yema. Verter en la sopa, revolver y retirar del fuego. Una vez incorporada la yema no debe hervir, porque se corta.

Agregar la cáscara rallada de naranja y el perejil. Servir de inmediato con palitos de hojaldre o galletas de sal.

PARA 6 PERSONAS

Bortsch

Plato fuerte

Este es el plato auténtico del pueblo ruso.

15 tazas de agua fría
3 remolachas grandes con cáscara, lavadas
4 dientes grandes de ajo o 6 medianos,
pelados y picados
1 1/2 lb de pecho de res
sal al gusto
10 papas pequeñas, peladas, lavadas
y cortadas en mitades
6 hojas de repollo blanco, sin vena central,
cortadas en tiras
1 cda. de jugo de limón

Hervir el agua con las remolachas enteras, a fuego alto, y agregar los ajos, la carne y la sal. Cocinar hasta que la carne y las remolachas estén tiernas; espumar varias veces durante la cocción para que el caldo quede limpio.

Retirar y pelar las remolachas. Cortarlas en rodajas. Retirar la carne y cortarla en tajadas o cubos.

Incorporar de nuevo las remolachas y la carne al caldo. Agregar las papas y dejar cocinar por unos minutos. Añadir el repollo y continuar la cocción hasta que todo esté tierno.

Cinco minutos antes de servir, verter el jugo de limón. Servir muy caliente.

PARA 6 PERSONAS

❋ Ajiaco

Plato fuerte

1 manojo de guascas • 3 cebollas largas con tallo
1 manojo de cilantro • 1 pollo grande, entero o despresado
(muslos y perniles), limpio (no retirar la grasa)
sal al gusto • 1/2 limón
agua fría, cantidad suficiente (30 tazas, aprox.)
6 mazorcas tiernas, cortadas en trozos
4 lb de papa sabanera, pelada y cortada en rodajas
3 lb de papa tocana blanca, pelada y cortada en rodajas
2 lb de papa paramuna, pelada y cortada en rodajas
4 lb de papa criolla, pelada y cortada en trocitos
1 taza de alcaparras escurridas • 4 aguacates grandes pelados,
deshuesados y cortados en cubos • 1/2 taza de crema de leche

Separar las hojas de la guasca y reservarlas en agua fría. Con los tallos de la guasca, 3 cebollas largas y el manojo de cilantro, formar un ramillete bien atado; reservar.

Frotar el pollo con sal y limón. Colocarlo en un recipiente grande con 24 tazas de agua y el ramillete reservado. Dejar hervir, espumar, tapar y continuar la cocción a fuego medio, hasta que el pollo esté tierno. Retirarlo del caldo, enfriar y luego deshilachar la carne; reservar los huesos. Descartar el ramillete, colar el caldo y reservar.

Aparte, en una olla de presión, cocinar los huesos con 4 tazas de agua y sal, por 20 minutos, contados desde que la olla comience a pitar. Descartar los huesos y colar el líquido. Mezclar 1 taza de este líquido con el pollo deshilachado, para poder calentarlo en el momento de servir. En el líquido restante, cocinar los trozos de mazorca hasta que estén tiernos. Retirar la mazorca y reservarla hasta el momento de servir.

Mezclar el líquido de cocción de la mazorca con el caldo en que se cocinó el pollo y, en el siguiente orden, cocinar las papas: primero la sabanera, por 45 minutos a fuego alto; luego la tocana y la paramuna hasta que el ajiaco comience a espe-

sar; agregar por último la papa criolla y sal al gusto. Continuar la cocción hasta que esté espeso; reservar hasta el día siguiente. En el momento de servir, calentar el pollo y las mazorcas. Hervir de nuevo el ajiaco y luego añadir las hojas enteras de guasca, escurridas. Servir el ajiaco en una sopera, colocando alrededor recipientes separados con el pollo, mazorcas, alcaparras, aguacate y crema de leche.

PARA 12 PERSONAS

Nota: este plato sabe mejor si se prepara desde el día anterior y se recalienta en el momento de servir. En países donde no existan las distintas variedades de papa colombiana, se pueden utilizar 13 libras (6 kg) de cualquier papa, pero reservando 5 libras (2 1/2 kg) que se agregarán cuando el ajiaco comience a espesar, para que no quede como una crema, sino con trocitos de papa. Como es mejor prepararlo de un día para otro, si se espesara demasiado puede agregarse un poco más de caldo.

Las guascas son originarias de Colombia y aportan un sabor característico al ajiaco. En el exterior las remplacé por berros frescos, que le dieron un sabor parecido.

✳ Bouillabaisse

Plato fuerte

3/4 *lb de róbalo* • 3/4 *lb de corvina* • 3/4 *lb de sierra*
3/4 *lb de congrio* • 3/4 *lb de merluza* • *1 lb de mejillones*
1/2 *lb de langostinos pequeños* • *6 cangrejos de mar*
2 copas de vino blanco seco • *2 cebollas blancas, 1*
entera y 1 finamente picada • *1 ramillete de perejil*
sal y pimienta blanca, al gusto • *agua fría, cantidad*
suficiente • *azafrán, tomillo y laurel, al gusto*
3 dientes de ajo • *jugo de 1 limón* • *1 zanahoria*
mediana, cortada en trozos • 1/2 *taza de aceite*
1 puerro grande • *1 cebolla larga, cortada en finas*
tiritas • 1/2 *lb de tomate, pelado y cortado en cubitos*
12 tajadas de pan francés o de molde

Este plato se debe preparar desde el día anterior, siguiendo estos pasos:

Pescados: eviscerar, descamar, retirar la piel y las espinas; reservarlas. Cortar la carne en trozos del mismo tamaño.

Mejillones: raspar los caparazones, lavar, hervir con 1 copa de vino hasta que abran. Colar y reservar el líquido. Descartar los mejillones que no se abran.

Langostinos: lavar, pelar, desvenar, arquearlos un poco. Cocinarlos con 1 cebolla blanca entera, 1 ramita de perejil, sal, pimienta y 4 tazas de agua fría, a fuego alto por 5 minutos. Dejar enfriar el líquido. Retirar los langostinos, colar y reservar el líquido de cocción.

Cangrejos: cortar las patas y los cuerpos en mitades.

Marinar los pescados y mariscos en un recipiente grande, no metálico, con un poco del líquido de cocción de los mejillones y langostinos, sal, pimienta blanca, azafrán, tomillo, laurel, 1 ajo triturado, 1 copa de vino y jugo de limón. Refrigerar tapado, hasta el día siguiente.

Aparte, cocinar los sobrantes de los pescados y mariscos en 8 tazas de agua fría con 1 cebolla blanca picada, zanahoria y 1 ramita de perejil, a fuego alto por 1 hora. Colar y refrigerar el caldo.

Al día siguiente, calentar parte del aceite en un recipiente grande y sofreír a fuego bajo el puerro, la cebolla larga y 1 ajo. Añadir el tomate y cocinar por 5 minutos más. Verter el caldo reservado y añadir agua hasta obtener el volumen necesario para servir 12 platos. Incorporar los pescados y mariscos. Dejar hervir y luego cocinar por 10 minutos más. Reservar bien caliente.

Aparte, triturar 1 diente de ajo con el aceite restante, en un mortero. Disponer las tajadas de pan sobre una lata para hornear. Pincelar las tajadas con el ajo en aceite. Hornear a 205°C (400°F) hasta dorar por ambos lados.

En una sopera, colocar primero las tostadas con ajo y luego verter el caldo bien caliente. Tapar y dejar esponjar el pan. Servir de inmediato, con los pescados y mariscos en una bandeja, salpicados con perejil picado.

PARA 12 PERSONAS

✳ Sopa goulash

3 cdas. de manteca de cerdo o aceite
2 cebollas blancas medianas, picadas
1 cda. colmada de paprika (pimentón)
1 lb de murillo de res, cortado en cubos
sal, pimienta y comino en polvo, al gusto
1 diente de ajo triturado
agua, cantidad suficiente
1 lb de papa, pelada y cortada en cubitos
2 pimientos verdes sin semillas,
cortados en anillos
1 tomate grande, pelado y cortado
en cubos (ver pág. 7)

Pasta Csipetke:

8 cdas. rasas de harina de trigo
1 huevo
sal al gusto

En un recipiente grande, calentar la manteca o
aceite y dorar ligeramente la cebolla. Retirar del
fuego, incorporar de inmediato la paprika, sin
dejar de revolver.

Añadir los cubos de carne, sal y pimienta al gusto. Dejar cocinar durante unos minutos, a fuego
medio. Agregar el comino y ajo. Cubrir con agua
y dejar cocinar tapado, a fuego bajo, hasta que
la carne esté un poco tierna. Incorporar las papas, pimientos, tomate y 4 tazas más de agua.
Cocinar hasta que las papas estén casi listas.

Preparar la pasta *Csipetke*, amasando la harina
con el huevo y la sal. Estirar la pasta con un rodillo hasta 1 mm de grosor. Cortar pedacitos muy
pequeños con un cuchillo e incorporarlos a la
sopa hirviendo. Cuando la pasta suba a la superficie, rectificar la sazón y servir muy caliente.

PARA 6 PERSONAS

Nota: éste es un plato típico de la cocina húnga-
ra; según la región, sufre variaciones. El *goulash*
en caldero, por ejemplo, se prepara con más carne y menos caldo.

✳ Oxtail-Soup

10 tazas de agua hirviendo
4 zanahorias medianas, peladas y cortadas
en cubitos (reservar la cáscara)
2 tallos de apio, sin hebras y cortados en cubos
(reservar los sobrantes)
2 nabos medianos, cortados en cubitos
(reservar los sobrantes)
2 lb de cola de buey o de res (de la parte
más fina) cortada en trocitos
1 lb de huesos de ternera
1 ramillete de hierbas (perejil, tomillo,
salvia y cebolla larga)
3 cdas. de mantequilla
4 cdas. de puré de tomate (ver pág. 133)
1 copa de vino Madeira o Jerez
sal y pimienta, al gusto
1 cda. colmada de fécula de maíz disuelta
en 1 copa de vino Madeira o Jerez

En un recipiente grande, cocinar a fuego alto las
zanahorias, apio y nabos en 4 tazas de agua hirviendo, hasta que estén tiernos. Reservar en el
líquido.

En una olla de presión, cocinar la cola y los huesos con los sobrantes y cáscaras de los vegetales,
el ramillete de hierbas, mantequilla, puré de tomate, vino, agua restante, sal y pimienta, hasta
que los trozos de cola estén cocidos. Retirar la
cola. Filtrar y reservar el caldo.

Incorporar la cola al recipiente con las zanahorias, apio y nabo. Agregar 7 tazas del caldo reservado. Hervir por 15 minutos y añadir la fécula. Cocinar por 10 minutos más y servir de inmediato.

PARA 6 PERSONAS

❊ Minestrone

Plato fuerte

2 cdas. de mantequilla
3 cdas. de tocino, cortado en cubitos
1 puerro mediano, cortado en finas rodajas
1/2 lb de tomate, pelado y cortado en cubitos
1 taza de habichuelas (ver pág. 7)
1 taza de arvejas frescas
1 taza de repollo, cortado en trocitos
1/2 taza de nabos, cortados en cubos
1 taza de zanahoria, cortada en cubos
3 papas grandes, peladas y cortadas en cubos
1 taza de apio, cortado en trocitos (ver pág. 7)
12 tazas de caldo sencillo (ver pág. 15)
sal al gusto
75 g de espaguetis, partidos en trocitos
6 cdas. de arroz precocido
1 picadillo compuesto de: 10 cdas. de tocino, sin cuero
y picado; 1 diente de ajo grande, picado y 2 cdas. de perejil
picado, todo triturado en un mortero hasta obtener una pasta
trocitos de pollo fritos en mantequilla hasta dorar (opcional)
6 cdas. de queso Parmesano rallado
10 tostadas de pan

En un recipiente grande, derretir la mantequilla y rehogar los cubos de tocino a fuego medio, por 2 minutos. Añadir el puerro y cocinar por 1 minuto más. Agregar el tomate y cocinar hasta formar una salsa.

Incorporar las habichuelas, arvejas, repollo, nabos, zanahoria, papas, apio, caldo y sal al gusto. Dejar hervir y luego continuar la cocción a fuego bajo por 30 minutos.

Rectificar la sazón. Veinte minutos antes de servir, agregar los espaguetis, el arroz, y el picadillo y, si lo desea, el pollo frito. Cocinar a fuego medio por 15 minutos más.

Servir recién preparada para que el arroz y la pasta no absorban el caldo. Acompañar con las tostadas, dispuestas en círculo en una bandeja y un recipiente con queso, colocado en el centro.

PARA 6 PERSONAS

Huevos

PLATOS CON:

Pescados, aves, carnes, vegetales y quesos.

Huevos duros con salsa de champiñones

9 huevos
agua, cantidad suficiente
sal, al gusto
2 cdas. de aceite
1 1/2 cdas. de cebolla blanca, finamente picada
1 1/2 cditas. de cebolla roja, finamente picada
1 1/2 cditas. de perejil picado
4 cdas. de mantequilla derretida
1 cda. de puré de tomate (ver pág. 133)
1 taza de champiñones, lavados
y finamente picados
2 cdas. de Jerez
sal y pimienta, al gusto
mantequilla para engrasar y rociar
3 tazas de Salsa Mornay (ver pág. 149)
1/2 taza de queso Parmesano o Gruyère, rallado

Cocinar los huevos en agua salada hirviendo, por 15 minutos a fuego alto. Enfriarlos con agua, pelar y cortar en mitades a lo largo. Pasar las yemas a través de un colador y reservar las claras para rellenar.

Calentar el aceite en un recipiente y sofreír la cebolla blanca sin dorar. Agregar la cebolla roja, el perejil, la mantequilla, el puré de tomate y los champiñones. Rociar con el Jerez y salpimentar. Cocinar a fuego alto por 7 minutos. Incorporar las yemas. Retirar del fuego y rellenar las claras con la mezcla.

Engrasar una refractaria con mantequilla, disponer las claras rellenas, cubrirlas con salsa Mornay y luego con queso. Rociar con más mantequilla derretida y hornear a 205°C (400°F) por 5 minutos. Servir de inmediato.

PARA 6 PERSONAS

Huevos con pimientos

1 taza de aceite
1/2 lb de cebolla blanca picada
2 lb de pimiento rojo, cortado en tiras finas
sal al gusto
6 huevos

En una sartén, calentar 1/2 taza de aceite a fuego alto y sofreír la cebolla y el pimiento. Continuar la cocción a fuego bajo hasta que estén tiernos.

Disponer la cebolla y el pimiento en el centro de una bandeja grande precalentada.

En otra sartén, calentar bien el aceite restante. Partir los huevos y deslizarlos, uno a la vez, en el aceite. Recoger las claras alrededor de las yemas con una espumadera.

Reducir el calor a medio y con una cucharita de madera rociar las yemas con el aceite caliente hasta obtener la cocción deseada.

Retirar los huevos con una espumadera y disponerlos en la bandeja, alrededor de la cebolla y los pimientos.

PARA 6 PERSONAS

Huevos escalfados con espinacas

3 lb de espinacas, lavadas y sin tallos
sal al gusto
7 cdas. de mantequilla derretida
6 cdas. de salsa Mornay (ver pág. 149)
4 tazas de agua mezclada con el jugo
de 1/2 limón
6 huevos
2 cdas. de pan rallado

Sazonar las hojas de espinaca con sal y cocinarlas ligeramente en un recipiente a fuego alto, sin agua (el agua que queda en las hojas lavadas es suficiente). Remojarlas en agua helada por 5 minutos. Picar y rehogar con 3 cucharadas de mantequilla. Cubrir el fondo de una refractaria con la espinaca y luego verter la salsa Mornay.

En un recipiente ancho y alto, para poder colocar varios huevos a la vez, hervir a fuego alto el agua mezclada con jugo de limón. Cascar los huevos y deslizarlos, de uno en uno, desde el borde del recipiente; con una espumadera, recoger un poco la clara alrededor de la yema, para que no se extienda. Cocinar a fuego bajo por 3 minutos. Retirar con cuidado y disponerlos en la refractaria sobre la salsa Mornay, dejando la misma distancia entre cada uno. Rociarlos con la mantequilla derretida restante y espolvorearlos con pan rallado.

Hornear a 205°C (400°F) por 3 minutos y servir de inmediato, en la refractaria

Para 6 personas

Nota: para que los huevos no se endurezcan en el momento de hornear, colocar un recipiente con agua fría en la rejilla inferior, debajo de la refractaria.

Huevos a la romana

2 lb de espinacas sin tallos
sal y pimienta, al gusto
3 cdas. de mantequilla
6 huevos
1 lata de filetes de anchoa (de 125 g)
3 cdas. de queso Parmesano rallado
3 tazas de salsa Mornay caliente (ver pág. 149)

Sazonar las espinacas con sal, colocarlas en un recipiente sin agua. Cocinar a fuego alto hasta que estén ligeramente cocidas y luego remojarlas en agua muy fría por 5 minutos.

Escurrir, picar y revolver las espinacas con la mantequilla. Sazonar con sal y pimienta y distribuir en 6 cazuelas o refractarias individuales. Partir 1 huevo en cada cazuela; cubrir con filetes de anchoa y luego con el queso.

Colocar las cazuelas en una lata para hornear que contenga un poco de agua caliente. Introducir en el horno a 220°C (425°F) y cocinar por 4 minutos.

Retirar del horno y cubrir cada cazuela con 3 cucharaditas de salsa Mornay caliente. Servir de inmediato.

Para 6 personas

Tortilla de atún

2 cdas. de mantequilla
2 cebollas blancas grandes, finamente picadas
1 vasito de vino blanco
1 lata (300 g) de atún al natural, escurrido
y desmenuzado
1/2 taza de crema de leche
perejil o cilantro fresco, picado
unas gotas de jugo de limón
10 huevos
sal al gusto

Derretir 1 cucharada de mantequilla en una sartén grande y rehogar la cebolla a fuego bajo hasta que esté transparente.

Añadir el vino y dejar evaporar. Incorporar el atún, revolver y luego agregar la crema de leche. Cocinar a fuego bajo hasta que espese. Retirar del fuego, añadir el perejil o cilantro y el jugo de limón. Rectificar la sazón al gusto.

Aparte, batir 5 huevos con sal al gusto.

En una sartén grande, calentar 1/2 cucharada de mantequilla y verter los huevos batidos. Dejar cuajar a fuego lento, revolviendo de vez en cuando para que la cocción sea uniforme. Cuando la tortilla esté cocida, colocar en el centro la mitad del relleno de atún y doblar encima la otra mitad de la tortilla, para cubrirlo. Reservar caliente.

Preparar otra tortilla igual con los 5 huevos restantes y servir de inmediato.

PARA 6 PERSONAS

Tortilla de champiñones

Ver fotografía en la página 51.

120 g de champiñones lavados con agua y jugo
de 1/2 limón (reservar los sombreros
y cortar el resto en láminas)
3 cdas. de mantequilla a temperatura ambiente
12 huevos
sal al gusto
3 cdas. de aceite
1 diente de ajo
1 cda. de perejil picado grueso

Saltear los sombreros y las láminas de champiñón en la mantequilla. Reservar los sombreros para decorar.

Aparte, batir los huevos con una pizca de sal. Incorporar las láminas de champiñones salteadas y mezclar bien.

En una sartén grande a fuego alto, calentar el aceite con el ajo por 2 minutos. Retirar el ajo. Verter la mezcla de huevo y champiñones y extenderla con una espátula por toda la sartén. Separar los bordes con la espátula. Mover la sartén sobre el fuego para dorar el fondo de manera uniforme.

Cubrir la sartén con una tapa plana grande o con un plato, voltearla y luego deslizar la tortilla en la sartén para dorar el otro lado.

Servir caliente; disponer encima los sombreros de champiñones reservados decorados con un punto de perejil picado.

PARA 6 PORCIONES

❊ Tortilla española de papa

2 tazas de aceite
2 dientes de ajo
2 cebollas blancas grandes, cortadas en tiras
8 papas medianas, peladas, lavadas y cortadas
en rodajas finas (secarlas bien con una tela)
8 huevos
sal al gusto

En un recipiente grande, calentar 1 1/2 tazas de aceite y freír el ajo hasta dorar; retirarlo y descartar. Incorporar la papa y la cebolla. Tapar el recipiente y cocinar a fuego alto (de vez en cuando, sacudir un poco el recipiente), hasta que la papa esté tierna, sin dorar. Retirar del fuego y reservar por 2 horas o más dentro del recipiente, con el aceite. Después de este tiempo, batir los huevos en un tazón grande. Incorporar las papas y la cebolla, sacándolas del recipiente con una cuchara escurridora. Sazonar con sal.

Engrasar el interior de una sartén con una servilleta de papel impregnada con gotas de aceite, para que la tortilla no se pegue. Calentar la sartén a fuego alto, verter 2 cucharadas de aceite y dejar que éste se caliente bien. Verter la mezcla de huevo, papa y cebolla. Extender la mezcla de manera uniforme. Luego, con una espumadera, voltear los pedazos que estén cuajados sobre la superficie de la tortilla hasta que esté cocida pero jugosa. Presionarla con la espumadera y separar los bordes. Mover la sartén sobre el fuego para que el fondo se dore de manera pareja. Cuando la tortilla se dora, comienza a exhalar su aroma característico. Tapar con un plato o tapa grande, voltear, para que la tortilla quede en el plato o tapa y limpiar la sartén con otra servilleta empapada con aceite. Verter otras 2 cucharadas de aceite, dejar calentar bien y deslizar la tortilla por el otro lado. Mover la sartén sobre el fuego para que dore pareja. Servir de inmediato.

PARA 6 PERSONAS

Nota: para servir como aperitivo, se debe preparar con anticipación y dejar que enfríe por completo para cortarla en cubos sin que se deshaga.

Tortilla con queso

4 cdas. de aceite
2 papas medianas peladas, lavadas
y cortadas en cubitos
1 tajada gruesa (100 g) de jamón serrano,
cortado en cubos
8 huevos batidos
sal y pimienta, al gusto
1/2 taza de crema de leche
2 cdas. de queso Parmesano rallado

Calentar el aceite en una sartén a fuego alto, y freír las papas por 15 minutos. Incorporar el jamón y freír por 5 minutos más.

Cuando las papas estén cocidas, verter los huevos batidos y sazonar al gusto (el jamón aporta algo de sal). Dejar dorar, voltear sobre una tapa plana o plato y dorar por el otro lado. Servir de inmediato; rociar con crema y queso.

PARA 4 PERSONAS

Huevos gratinados

10 huevos duros cortados en tiras
4 cdas. de mantequilla
1/2 taza de salsa de cebolla (ver pág. 148)
3 cdas. de queso Parmesano rallado

Engrasar una refractaria con 2 cucharadas de mantequilla. Disponer las tiras de huevo duro y cubrir con la salsa de cebolla y luego con el queso. Cortar las 2 cucharadas restantes de mantequilla en trocitos y distribuirlos sobre el queso. Gratinar en horno a 205°C (400°F) colocando la refractaria en la parte alta, para dorar rápidamente la superficie. Servir de inmediato.

PARA 6 PERSONAS

Tortilla con chorizo

1/2 lb de chorizos sin piel
4 cdas. de aceite
6 huevos batidos con una pizca de sal

Cortar 6 rodajas finas de chorizo, y el resto en tiras delgadas. Freír en una sartén con 3 cucharaditas de aceite, a fuego alto por 3 minutos. Retirar las rodajas de chorizo.

Incorporar a la sartén el aceite restante y dejar que se caliente bien. Verter los huevos batidos y revolver con espátula, separando los bordes.

Cuando la tortilla comience a cuajar dejar de revolver y cocinar hasta que dore ligeramente para poder doblarla. Retirar del fuego.

Tomar la sartén con la mano izquierda, inclinarla suavemente para que la tortilla se deslice un poco hacia el borde y con la espátula en la mano derecha, enrollar la tortilla en el borde opuesto al mango de la sartén. Luego golpear la sartén con la espátula y la tortilla se enrollará sobre sí misma. Volcar la tortilla sobre una bandeja larga y decorar con las rodajas de chorizo reservadas. Servir de inmediato.

PARA 6 PERSONAS

Nota: es conveniente no sobrecocinar la tortilla, sino dejarla semicocida y jugosa pues resulta más suave y digerible.

Entradas frías y calientes

CONTIENE RECETAS PARA PREPARAR:

Pescados, carnes, vegetales, frutas y quesos.

Aguacates mexicanos

1 planta de apio bien blanca, cortada
en tiras finas (ver pág. 7)
3 aguacates
1/2 lb de langostino pequeño o camarón
fresco, cocido (ver nota)
2 huevos duros, 1 picado y 1 cortado
en rodajas, para decorar
2 tazas de salsa rosada (ver pág. 151)
sal al gusto
1 lechuga pequeña
salsa de tomate, al gusto

Remojar el apio en abundante agua fría por 2 horas; escurrir. Reservar 6 langostinos enteros para decorar. Cortar los restantes en trocitos. Cortar los aguacates en mitades, deshuesar, retirar la pulpa sin dañar las cáscaras y cortarla en cubitos.

Mezclar los cubos de aguacate con los trocitos de langostino, el huevo duro picado y el apio. Revolver incorporando la salsa rosada y rellenar las cáscaras de aguacate con la mezcla. Servir en platos individuales, colocando medio aguacate sobre hojas de lechuga. Decorar con 1 rodaja de huevo duro y cubrir con salsa de tomate, formando un enrejado. Colocar 1 langostino en el centro.

PARA 6 PERSONAS

Nota: si los langostinos (o camarones) no están cocidos, hervir a fuego alto agua con sal, pimienta, 1 hoja de laurel y 1 ramita de tomillo. Cuando rompa el hervor, incorporar los langostinos y dejar cocinar por 2 minutos. Retirar del fuego y enfriar en el líquido. Pelar y retirar la vena negra del lomo, si son grandes.

Los aguacates deben servirse de inmediato, para que la pulpa no se negree. Si los prepara con anticipación, rociar la pulpa con jugo de limón y refrigerar los aguacates rellenos, evitará que esto suceda.

Alcachofas a la bretona

12 alcachofas pequeñas
agua muy fría mezclada con vinagre
4 cdas. de aceite
1 cda. de mantequilla a temperatura ambiente
3 cebollas blancas grandes, peladas y picadas
1/4 litro de vino blanco seco
sal y pimienta, al gusto
1 ramillete de hierbas (cilantro, tomillo, laurel)
1 cdita. de salvia, triturada en mortero
con 1 ajo y un poquito de aceite

Cortar las alcachofas en cuartos, retirar las hojas exteriores para dejar sólo el corazón; descartar la pelusa. Lavarlos en el agua con vinagre y secar.

En una sartén calentar el aceite con la mantequilla y sofreír la cebolla sin dorar. Incorporar los corazones de alcachofa y dejar cocinar a fuego alto por unos minutos. Rociar con el vino, salpimentar, agregar el ramillete y la salvia. Tapar y cocinar por 30 minutos. Servir de inmediato.

PARA 4 PERSONAS

Nota: estas alcachofas también pueden servirse como acompañamiento de carnes asadas.

Melón con jamón

1 melón grande, pelado y sin semillas
1/2 lb de jamón york o serrano, cortado
en tajadas y luego en cuadritos
del tamaño de un bocado

Cortar 4 tajadas de melón, de igual tamaño. Servir colocando los cuadritos de jamón sobre las tajadas de melón.

PARA 4 PERSONAS

Fritura de pimientos

¹/₂ taza de aceite
2 ajos picados
2 cebollas blancas medianas, picadas
2 lb de pimientos rojos pequeños, pelados,
sin semillas y cortados en trozos (ver pág. 7)
sal al gusto
2 lb de tomate, pelado y cortado en cubos
¹/₂ cdita. de azúcar
12 tajadas de pan de molde sin corteza,
cortadas en triángulos y tostadas
aceitunas al gusto

En una sartén grande, calentar el aceite y sofreír los ajos y las cebollas, sin dejar dorar. Incorporar los pimientos y sal. Cocinar por unos minutos, a fuego alto. Añadir los tomates y el azúcar. Cocinar tapado a fuego bajo, hasta que esté cocido. Servir de inmediato, sobre una bandeja precalentada. Decorar con las tostadas y aceitunas.

PARA 6 PERSONAS

Pan con tomate y anchoas

6 tomates grandes pelados
pimienta al gusto
1 pan francés grande, cortado en rodajas
1 lata de filetes de anchoa, escurridos
y cortados en cubos
1 cda. de aceite de oliva

Con los dedos, partir los tomates en trocitos. Retirar las semillas y triturar la pulpa con una cuchara de madera, hasta obtener un puré. Sazonar con pimienta y cubrir las rodajas de pan con el puré. Colocar encima los cubos de anchoa y rociar con el aceite.

PARA 6 PERSONAS

Pimientos rellenos con cuajada

Ver fotografía en la página 52.

6 papas medianas cocidas
1 lb de cuajada o queso campesino
sal y pimienta, al gusto
6 pimientos rojos pequeños
2 huevos batidos
1 taza de miga de pan
¹/₂ taza de aceite

Pasar las papas con la cuajada o queso por un prensapuré. Sazonar con sal y pimienta. Cortar la parte superior de los pimientos y retirar el corazón y las semillas. Rellenarlos con el puré. Rociarlos con el huevo batido y cubrir con miga de pan. Calentar el aceite en una olla pequeña y freír los pimientos parados. El aceite debe cubrirlos. Servir de inmediato.

PARA 6 PERSONAS

Tomates asados

5 cdas. de aceite de oliva
2 dientes de ajo, grandes
1 cdita. de tomillo en polvo
sal y pimienta, al gusto
10 tomates medianos, cortados en mitades
a lo ancho • 10 cdas. de pan rallado

Licuar el aceite con el ajo, tomillo, sal y pimienta. En una refractaria, disponer las mitades de tomate y rociar cada una con 1 cucharadita de la salsa licuada. Espolvorear con el pan rallado. Precalentar el horno a 205°C (400°F). Hornear los tomates por 15 minutos. Servir de inmediato.

PARA 6 PERSONAS

Tomates con albahaca y Mozzarella

4 tomates grandes, cortados c/u en 5 rodajas
20 tajadas finas de queso Mozzarella
3 dientes de ajo grandes, picados
10 hojas de albahaca fresca
6 cdas. de aceite de oliva
sal y pimienta, al gusto

Cubrir cada rodaja de tomate con una tajada de queso. En un mortero, triturar los ajos con la albahaca. Mezclar con el aceite, sal y pimienta.

Una hora antes de servir, rociar los tomates y el queso con la mezcla.

PARA 6 PERSONAS

Tostadas con champiñones

1 cda. de mantequilla
1 1/2 lb de champiñones, lavados y escurridos
sal y pimienta, al gusto
1 cda. de harina de trigo
1 taza de crema de leche
12 tajadas de pan de molde, tostadas

En una sartén, calentar la mantequilla a fuego alto y freír los champiñones hasta dorar; salpimentar. Espolvorearlos con la harina y revolver.

Agregar lentamente la crema de leche y revolver. Tapar y dejar hervir a fuego bajo por 3 minutos. Servir sobre las tostadas.

PARA 6 PERSONAS

Tomates rellenos con champiñones

12 tomates medianos
2 cdas. de aceite
3 cdas. de mantequilla
1 cebolla blanca mediana, finamente picada
1 ajo picado
sal y pimienta, al gusto
1 1/2 tazas de caldo
1/2 taza de vino blanco
1/2 taza de miga de pan remojada en caldo
1 cda. de puré de tomate (ver pág. 133)
1 lb de champiñones, lavados y picados
2 cdas. de perejil picado
aceite para engrasar y rociar
1 cda. de pan rallado

Cortar la parte superior de los tomates y retirar la pulpa con una cucharita. Sazonar el interior con sal y dejarlos con la abertura hacia abajo para que se escurran; reservar.

Calentar el aceite con la mantequilla en una sartén a fuego alto y dorar la cebolla; añadir el ajo y salpimentar. Cocinar por unos segundos, verter el vino y el caldo, agregar la miga de pan y el puré de tomate. Cocinar hasta espesar. Incorporar los champiñones; revolver con cuchara de madera para que no se pegue. Retirar del fuego y añadir el perejil.

Rellenar los tomates dejando sobresalir un poco el relleno. Disponerlos en una refractaria previamente engrasada con aceite y espolvoreada con el pan rallado. Rociar un poco de aceite sobre los tomates y hornear a 250°C (475°F) por 15 minutos. Servir en la refractaria.

PARA 6 PERSONAS

Frutos de mar

RECETAS PARA PREPARAR
PESCADOS Y MARISCOS:

Rebozados, fritos, al horno,
estofados y al vapor.

Atún o bonito encebollado

Entrada

1 lb de tomates pelados, sin semillas
y cortados en cubos
3 cebollas blancas grandes, finamente picadas
3 dientes de ajo, finamente picados
1 ramita de perejil, finamente picada
1/4 libra de nueces, peladas y picadas
7 cdas. de aceite
2 lb de filetes de atún o bonito, salpimentados
3 pimientos, cortados en tiras finas
papel aluminio, para cubrir la cazuela

Mezclar los tomates con la cebolla, ajo, perejil y nueces para obtener un picadillo. En una cazuela de barro, colocar 1 cucharada de aceite y luego un poco de picadillo. Cubrir con una capa de filetes de atún, luego con más picadillo y otra de atún.

Seguir alternando capas hasta usar todo el picadillo y el atún. Cubrir con las tiras de pimiento. Rociar con el aceite restante y tapar la cazuela con papel aluminio para que no se escape el vapor.

Cocinar a fuego bajo hasta que todo esté bien cocido con el vapor que sueltan los ingredientes. Destapar y hornear a 220°C (425°F) por unos minutos para dorar la superficie. Servir bien caliente, en la cazuela.

PARA 6 PERSONAS

Nota: si el pescado está congelado ver sugerencias para descongelar (pág. 7).

Almejas a la marinera

Entrada

2 lb de almejas, lavadas con cuidado
1/2 vaso de agua fría
1 taza de aceite
1 cebolla blanca, finamente picada
1 diente de ajo, finamente picado
1 cda. de miga de pan (pan rallado)
1/2 vaso de vino blanco
1/2 hoja de laurel
jugo de 1/2 limón
sal y pimienta, al gusto
1 cda. de perejil picado

Cocinar las almejas con el agua fría, en una sartén a fuego alto. A medida que se abran, retirarlas a otro recipiente.

Descartar las almejas que no se abran. Colar el líquido de cocción con un colador fino y reservar.

Calentar el aceite en una sartén a fuego alto y freír la cebolla y el ajo hasta dorar. Añadir la miga de pan y rehogar. Verter el líquido de cocción de las almejas, el vino, laurel, jugo de limón y pimienta. Cocinar hasta que hierva. Verter esta salsa sobre las almejas y cocinar a fuego bajo por 10 minutos. Sazonar con sal y salpicar con el perejil. Servir de inmediato.

PARA 6 PERSONAS

Atún o bonito a la vinagreta

Entrada

6 filetes de atún o bonito, frescos
agua, cantidad necesaria para cubrir los pescados
1 cebolla pequeña, cortada en tiras
1 diente de ajo
1 rama de perejil
1/2 hoja de laurel
jugo de 1 limón
sal y pimienta al gusto
tomates cortados en medias rodajas,
para decorar

Vinagreta:

5 cdas. de aceite de oliva
2 cdas. de vinagre
1 cda. de cebolla blanca, finamente picada
1 cda. de alcaparras picadas
1 cda. de perejil, finamente picado
sal y pimienta blanca, al gusto

Cocinar los filetes en el agua con la cebolla, ajo, perejil, laurel, limón, sal y pimienta, por 10 minutos a fuego alto. Dejar enfriar en el líquido y luego escurrir. Colar el caldo y reservar para usos futuros.

Aparte, mezclar bien todos los ingredientes de la vinagreta.

Disponer los filetes sobre una bandeja y cubrirlos con la vinagreta. Decorar con las medias rodajas de tomate, dispuestas alrededor de los filetes. Servir de inmediato.

PARA 6 PERSONAS

Nota: si utiliza pescado congelado, ver sugerencias para descongelar (pág. 7)

Camarones con habas

Entrada o plato fuerte

1 1/2 lb de habas tiernas desgranadas
2 tazas de agua hirviendo
sal y pimienta, al gusto
1/2 cdita. de azúcar
3 cdas. de mantequilla
1/2 taza de cebollitas
1 ramillete bien atado, que contenga 3 ramitas
de perejil, 1 hoja de laurel y 1 ramita de tomillo
2 cdas. de aceite
1 diente de ajo, finamente picado
1 1/2 cdas. de pasta de tomate
1 lb de camarones frescos, pelados y desvenados

Colocar las habas en una cazuela grande, cubiertas con el agua hirviendo. Agregar sal y pimienta al gusto, azúcar, mantequilla, cebollitas y el ramillete de hierbas. Cocinar a fuego medio por 30 minutos. Retirar el ramillete. Colar y reservar las habas. Descartar el líquido de cocción.

En una sartén pequeña, calentar el aceite y freír el ajo por 1 minuto a fuego alto. Incorporar la pasta de tomate y mezclar. Cocinar hasta obtener una salsa.

Agregar las habas y los camarones a la salsa. Revolver y continuar la cocción por 3 minutos más. Servir de inmediato.

PARA 6 PERSONAS

Camarones tigre rebozados

Entrada

$1^{1}/_{2}$ lb de camarón tigre fresco
con caparazón, lavado
agua hirviendo, cantidad suficiente
sal al gusto
1 taza de harina de trigo
1 cda. de vinagre
1 clara de huevo, batida a punto de nieve
$^{1}/_{2}$ taza de aceite
papel aluminio

Cocinar los camarones en el agua hirviendo con sal, por 3 minutos a fuego alto. Retirarlos, colar el caldo y ponerlo en el congelador hasta que esté muy frío. Pelar los camarones, teniendo cuidado de dejar la cola intacta. Secarlos con una tela.

En un recipiente mediano, mezclar la harina con el vinagre y sal. Añadir poco a poco $1^{1}/_{2}$ tazas del caldo en que se cocinaron los camarones; revolver hasta obtener una crema espesa. Incorporar la clara con movimientos envolventes.

Aparte, calentar el aceite en una sartén, a fuego alto. Rebozar los camarones en la pasta, tomándolos por la cola. Incorporarlos a la sartén dejando un espacio libre entre cada uno, para poder voltearlos sin que se dañen. Dorarlos ligeramente por ambos lados y luego escurrir sobre toallas de papel. Envolver las colas con papel aluminio y servir calientes.

PARA 6 PERSONAS

Langostinos al curry

Entrada

Ver fotografía en la página 53.

3 cdas. colmadas de mantequilla o margarina
1 cebolla larga, cortada en trozos
1 diente de ajo, finamente picado
$2^{1}/_{2}$ tazas de agua
sal al gusto
$2^{1}/_{2}$ tazas de arroz, lavado y escurrido
1 cebolla blanca grande, finamente picada
2 cdas. de harina de trigo
3 cditas. de curry en polvo
$1^{1}/_{2}$ lb de langostino pelado, desvenado
y ligeramente salado
$1^{1}/_{2}$ lb de tomate pelado, sin semillas
y triturado (ver pág. 7)
1 taza de crema de leche
rodajas de limón, para acompañar

En una olla de presión, calentar $1^{1}/_{2}$ cucharadas de mantequilla o margarina y sofreír ligeramente la cebolla larga y el ajo. Verter el agua y sal al gusto. Dejar hervir a fuego alto y luego añadir el arroz en forma de lluvia. Mezclar con cuchara de madera, tapar la olla y cocinar a fuego bajo por 15 minutos; reservar.

Aparte, en una sartén, calentar $1^{1}/_{2}$ cucharadas de mantequilla o margarina y dorar la cebolla blanca. Añadir la harina y dejar dorar. Incorporar el curry, mezclar bien. Agregar los langostinos y el tomate. Cocinar a fuego bajo por 5 minutos. Mezclar con la crema de leche y cocinar por 1 minuto más.

Disponer la preparación en el centro de una bandeja y alrededor el arroz reservado y las rodajas de limón. Servir caliente.

PARA 6 PERSONAS

Pargo a la inglesa

Plato fuerte

*3 lb de pargo u otro pescado blanco fresco,
eviscerado, escamado y lavado
agua fría, cantidad suficiente para cubrir
1 cebolla blanca mediana, cortada en rodajas
1 zanahoria mediana, pelada y cortada en
rodajas
1/2 limón, pelado y cortado en rodajas
3 hojas de laurel
1 ramita de tomillo
2 tallos de apio
2 ramitas de perejil
sal y pimienta, al gusto
10 cdas. de mantequilla derretida, caliente*

Cubrir el pargo con agua. Agregar la cebolla, zanahoria, limón, laurel, tomillo, apio, perejil, sal y pimienta, y cocinar a fuego alto hasta que hierva. Quitar la espuma que se haya formado en la superficie y continuar la cocción a fuego medio, por 10 minutos más. Retirar del fuego y dejar reposar 10 minutos.

Servir el pescado en una bandeja larga y la mantequilla bien caliente, en una salsera. Acompañar con vegetales al gusto.

PARA 6 PERSONAS

Mojarras fritas

Plato fuerte

*4 mojarras frescas, evisceradas, sin escamas,
lavadas en abundante agua y escurridas
2 cdas. de jugo de limón
sal al gusto
2 tazas de aceite*

Secar las mojarras con una tela y sazonarlas con jugo de limón y sal.

Calentar el aceite en una sartén grande o en varias más pequeñas, a fuego alto. Cuando esté bien caliente, incorporar las mojarras y dejar dorar, sin moverlas.

Las mojarras deben quedar separadas para que no se dañen al voltearlas. Con una cuchara de madera con punta plana, voltear y freír por el otro lado.

Escurrir sobre toallas de papel y servir calientes. Acompañar con vegetales al gusto.

PARA 4 PERSONAS

Sierra al horno

Plato fuerte

Ver fotografía en la página 54.

$3^1/_2$ lb de sierra fresca, eviscerada, escamada,
lavada y escurrida
sal al gusto
$^1/_2$ taza de aceite
$1^1/_2$ tazas de miga de pan
2 limones medianos pelados, cortados
en finas rodajas
$^1/_2$ taza de vino blanco seco
azafrán al gusto, disuelto en $^1/_2$ taza de agua
12 almendras peladas, ligeramente
tostadas y luego trituradas
1 diente grande de ajo, finamente picado
$^1/_2$ cdita. de perejil, finamente picado
un poco de agua

Hacer una incisión a lo largo del lomo del pescado. Sazonar con sal, empapar con un poco de
aceite y luego rebozar en la miga de pan. Colocarlo en una cazuela de barro panda o en una
refractaria, rociar con el aceite sobrante. Introducir las rodajas de limón en la incisión del lomo
y cocinar por 15 minutos en horno precalentado
a 220°C (425°F); rociar 2 veces con el líquido de
cocción. Cuando hayan pasado los 15 minutos,
rociar con el vino y hornear por 12 minutos más.

Aparte, mezclar el azafrán disuelto en agua, con
las almendras, ajo y perejil. Verter sobre el pescado y continuar la cocción por otros 5 minutos. Si estuviera muy seco, agregar un poco de
agua.

Servir caliente en la cazuela o refractaria. Si desea servir en bandeja, cubrir el fondo con el líquido de cocción y colocar encima la sierra.

Acompañar con vegetales al gusto.

PARA 6 PERSONAS

Merluza al vino

Plato fuerte

$1^1/_2$ lb de filetes de merluza fresca
sal y pimienta, al gusto
2 ajos grandes, finamente picados
1 cebolla blanca grande, finamente picada
3 cdas. de jugo de limón
6 cdas. de aceite
1 lb de tomate, pelado y picado (ver pág. 7)
2 copas de vino blanco seco
1 cdita. de orégano
5 cdas. de queso Parmesano rallado
3 cdas. de perejil, finamente picado

Secar los filetes con una tela. Sazonarlos con sal
y pimienta. Cubrirlos con los ajos y cebolla. Rociar con el jugo de limón y dejar marinar hasta
el momento de usar.

En un recipiente grande y pando, calentar el aceite a fuego alto. Incorporar el tomate y los filetes
de pescado con el ajo, la cebolla y el jugo que
hayan soltado. Tapar y cocinar a fuego bajo por
15 minutos.

Agregar el vino, el orégano y el queso Parmesano. Tapar y continuar la cocción por 10 minutos
más, a fuego bajo. Salpicar con el perejil picado y
servir de inmediato, bien caliente.

Acompañar con vegetales al gusto.

PARA 6 PERSONAS

Truchas
con mantequilla

Plato fuerte

6 truchas de 200 g c/u, evisceradas, escamadas,
lavadas y secadas con tela
1 taza de leche
1 taza de harina de trigo
sal y pimienta, al gusto
1/2 lb de mantequilla
2 cdas. de perejil, finamente picado
1 cda. de jugo de limón

Remojar las truchas en la leche. Sazonar con sal.
Rebozarlas en la harina.

En un recipiente grande y pando, derretir 1/4 de
libra de mantequilla. Incorporar el pescado y
cocinar a fuego medio por 10 minutos, volteando para dorar por ambos lados. Retirar y escurrir sobre toallas de papel.

En un tazón precalentado, mezclar la mantequilla restante con el perejil, jugo de limón, sal y pimienta, hasta que tenga la consistencia de una
crema espesa.

Verter la salsa sobre las truchas y servir de inmediato, antes de que se cuaje.

PARA 6 PERSONAS

Atún
con habichuelas

Entrada

21/2 lb de habichuelas, partidas en 3 trozos
agua hirviendo, cantidad suficiente
sal y pimienta, al gusto
1 pizca de azúcar
1 lata de atún, desmenuzado (reservar el aceite)
un poco de aceite de oliva (si fuera necesario)

Hervir las habichuelas en el agua con sal y azúcar, a fuego alto hasta que estén cocidas pero aún
firmes. Escurrir en un colador.

En otro recipiente, mezclar el atún, el aceite reservado y las habichuelas. Sazonar con pimienta y agregar más aceite si fuera necesario.

Cocinar por unos minutos a fuego alto, hasta que
esté bien caliente. Servir de inmediato.

PARA 6 PERSONAS

Nota: también puede servirse como ensalada.
En este caso, una vez escurridas, pasar las habichuelas por agua muy fría para que conserven su color.

❊ Canastilla de langosta a la mexicana

Plato fuerte

1 langosta viva, de 3 lb
12 tazas de agua hirviendo
1¹/₂ tazas de vinagre blanco
4 cdas. de sal
tiras finas de cáscara de limón o cebollines, para decorar
hojas de lechuga, para decorar

Ensalada de papas:

2 lb de papa sin pelar, lavada
agua, cantidad suficiente
sal y pimienta, al gusto
vinagre y aceite de oliva, al gusto
1 taza de mayonesa, mezclada con 2 cdas. de Cognac

En un recipiente a fuego alto, cocinar la langosta en el agua hirviendo con el vinagre y la sal, por 18 minutos. Retirar del fuego y dejar enfriar en el líquido.

Para preparar la ensalada cocinar las papas en el agua hasta que estén tiernas. Dejar enfriar, pelar y cortar en cubitos. Sazonarlas con sal, pimienta, vinagre y aceite. Por último, agregar la mayonesa con Cognac. Reservar.

Para preparar la canastilla, desprender la cola del caparazón de la langosta, retirar y reservar la carne. Quitar la concha que está sobre las patas, formando una coraza. Limpiar la concha y recortar con tijeras una "canastilla". Con las dos patas delanteras, formar el "asa", uniéndolas por la parte contraria a las uñas. Incrustar el asa en la canastilla haciendo un agujero en cada lado. Para disimular la unión de las patas, tapar con tiras de cáscara de limón o cebollines, y atar.

En una bandeja larga, formar un pedestal con la ensalada de papa. Colocar encima la canastilla de langosta. Rellenarla con las tajadas de carne reservadas y adornar sus bordes con las patas pequeñas de la langosta. Disponer las hojas de lechuga alrededor de la bandeja y servir de inmediato.

PARA 6 PERSONAS

❋ Langosta Thermidor

Plato fuerte

2 langostas vivas, de 900 g c/u • 16 tazas de agua
1 taza de vinagre blanco • 4 cdas. de sal
1/2 taza de queso Parmesano rallado
ramilletes enteros de perejil, para decorar

Salsa:

1 taza de vino blanco• 1 chalote (o cebolla roja), picado
1/2 cdita. de estragón picado • 1/2 cdita. de perifollo picado
6 granos de pimienta negra, triturados • 1 taza de salsa Velouté (ver pág. 150)
sal al gusto • 1 taza de crema de leche

Puré de papa:

11/2 lb de papa pelada • agua, cantidad suficiente
sal al gusto •3 cdas. de mantequilla
pimienta y nuez moscada, al gusto • 1/2 taza de leche hirviendo

En un recipiente grande hervir el agua con el vinagre y la sal. Incorporar la langosta y cocinar a fuego alto, por 15 minutos. Retirar del fuego y dejar enfriar en el caldo. Una vez fría, cortarla en mitades a lo largo. Retirar las patas y desprender la cola. Sacar las huevas y el hígado; reservarlos para otros usos. Retirar la carne de las tenazas, patas y cola. Cortar las dos primeras en cubos y la de la cola en tajadas sesgadas. Reservar los caparazones limpios.

Para preparar la salsa: calentar el vino, agregar el chalote, estragón, perifollo y pimienta. Cocinar a fuego alto hasta reducir a la mitad . Incorporar la salsa Velouté y reducir por 10 minutos. Sazonar con sal y luego colar. Mezclar con la crema de leche y reservar.

Para preparar el puré: hervir las papas con agua y sal, a fuego alto por 30 minutos o hasta que estén cocidas pero sin deshacerse. Escurrir y pasarlas por un prensapuré. Mezclar el puré con la mantequilla, sal, pimienta y nuez moscada, utilizando una espátula. Agregar poco a poco la leche.

Antes de servir, colocar los caparazones vacíos y limpios sobre la rejilla del horno y secarlos por unos segundos a 180°C (350°F).

Rellenar cada mitad de caparazón en el siguiente orden: primero, cubrir el fondo con un poco de salsa; luego disponer encima las tajadas de carne, en forma escalonada, y los cubos alrededor de las tajadas. Colocar alrededor del relleno un borde de puré de papa. Espolvorear el puré con queso y rociar todo con más salsa.

Gratinar a 200°C (425°F) por 3 a 5 minutos o hasta que estén completamente doradas. Servir de inmediato, en una bandeja decorada con ramilletes de perejil.

PARA 6 PERSONAS

Nota: puede remplazar la langosta por bogavante. Es mejor prepararla con anticipación y antes de servir, dorarla a fuego bajo. Las langostas no deben pesar menos de 900 g.

❊ Zarzuela de pescados

Plato fuerte

1 lb de mejillones lavados
2 tazas de vino blanco mezclado con 1/2 taza de agua fría
2 tazas de caldo de pescado (ver pág. 15)
10 cdas. de aceite
1 cebolla blanca grande, finamente picada
2 dientes de ajo, finamente picados
1 cdita. de laurel en polvo
1 lb de tomates, pelados y cortados en cubitos (ver pág. 7)
2 lb de calamares frescos, sin vísceras, cartílagos,
ni pico, cortados en anillos
1/2 taza de harina de trigo
1 1/2 lb de corvina, fresca o congelada
(ver pág. 7), cortada en trozos
(reservar la piel y las espinas)
1 1/2 lb de merluza, fresca o congelada
(ver pág. 7), cortada en trozos
(reservar la piel y las espinas)
1 lb de camarones frescos, pelados y desvenados
sal y pimienta, al gusto
3 cdas. de perejil, finamente picado

Hervir los mejillones con 1 taza de vino mezclado con agua, a fuego alto por 2 minutos. Retirarlos a medida que se abran y descartar los que no lo hagan. Quitar la carne de las conchas y reservar. Colar el líquido de cocción, incorporar las pieles y espinas de los pescados y las 2 tazas de caldo. Hervir a fuego alto por 45 minutos. Colar y reservar (deben quedar 2 1/2 tazas).

En una cazuela de barro, calentar 5 cucharadas de aceite y sofreír la cebolla con el ajo y el laurel, a fuego bajo. Agregar el tomate, tapar y continuar la cocción por 10 minutos más. Reservar.

Aparte, rebozar los anillos de calamar en la harina y dorarlos en el aceite restante caliente, a fuego alto. Incorporar la corvina, merluza, camarones y carne de mejillones. Salpimentar. Verter la copa de vino restante y cocinar a fuego alto por 5 minutos. Retirar del fuego y mezclar con la cebolla, ajo y tomates. Agregar las 2 1/2 tazas de caldo reservado y cocinar por 15 minutos más. Retirar del fuego, expolvorear con perejil y servir bien caliente, en la cazuela.

PARA 6 PERSONAS

Croquetas de camarones

Sopa de queso

Tortilla de champiñones

Pimientos rellenos con cuajada

Langostinos al curry

Sierra al horno

Pollo salteado con espárragos

Ternera a la castellana

Chuletas apanadas con salsa de alcaparras

Filet Mignon

Lasaña

Nido de espinacas con huevo

Ensalada rusa

Fondue de frutas y chocolate

Islas flotantes

Macedonia de frutas

Aves

CONTIENE RECETAS PARA PREPARAR AVES:

Salteadas, asadas, estofadas, rebozadas y rellenas.

Pato con aceitunas

1 pato tierno, de 3 lb (1 1/2 kg)
5 cdas. de aceite
1 cda. de manteca de cerdo
1 cebolla blanca grande, cortada en rodajas
2 zanahorias medianas, cortadas en rodajas
2 cdas. rasas de harina de trigo
2 tazas de caldo
10 cdas. de Jerez
2 ramitas de perejil
sal y unos granos de pimienta, al gusto
1/2 lb de aceitunas verdes grandes, deshuesadas
un poco de agua hirviendo

Si fuera necesario, chamuscar al fuego las plumillas del pato; lavar con cuidado y secar con una tela. Calentar el aceite y la manteca a fuego alto, en un recipiente grande. Incorporar el pato, la cebolla y la zanahoria. Freír por unos minutos hasta dorar por todos lados. El pato no debe pincharse. Cuidar que la grasa no se queme. Retirar el pato, la cebolla y la zanahoria. Reservar.

En la misma grasa, dorar la harina y luego desleírla con el caldo y el Jerez. Incorporar el pato, la cebolla y la zanahoria. Sazonar con sal y granos de pimienta. Dejar hervir a fuego alto, tapar y continuar la cocción a fuego medio, por 1 hora más. Cuando el pato esté cocido, retirarlo y reservar caliente.

Colocar las aceitunas en un recipiente pequeño con un poco de agua hirviendo y cocinar a fuego alto por 5 minutos. Retirar y secarlas con una tela.

Colar la salsa, raspando el fondo y los lados del recipiente. Deben obtenerse 2 1/2 tazas de salsa, desgrasada y bien ligada. Incorporar las aceitunas a la salsa y calentar bien, sin dejar hervir.

Trinchar el pato, colocar los trozos en una fuente, disponer alrededor las aceitunas y cubrir con la salsa. Servir de inmediato.

PARA 6 PERSONAS

Pechugas de pollo con brócoli

2 atados de brócoli sin hojas,
lavados y escurridos
agua hirviendo, cantidad suficiente
sal y pimienta, al gusto
3 pechugas grandes de pollo, lavadas
y cortadas en mitades
2 cdas. de fécula de maíz
3 cdas. de mantequilla o margarina
2 hojas de laurel
2 cebollas blancas medianas, finamente picadas
2 tomates medianos, pelados
y cortados en cubos (ver pág. 7)
1/2 taza de vino blanco seco
1/4 lb de queso Parmesano rallado

Retirar las fibras duras de los tallos del brócoli. En un recipiente, cocinar los ramos y tallos en agua hirviendo con sal, a fuego medio por 20 minutos. Escurrir y enjuagar con agua helada, para que conserven el color. Reservar.

Sazonar las mitades de pechuga con sal y pimienta. Rebozarlas en la fécula; reservar.

En un recipiente grande y pando, derretir la mantequilla a fuego alto. Incorporar el laurel y las pechugas. Freír hasta que doren. Añadir la cebolla y sofreír hasta que esté transparente. Agregar los tomates, tapar y cocinar a fuego medio hasta que suelten todo su jugo. Verter el vino sobre el pollo, tapar y cocinar a fuego bajo por 15 minutos más. Colocar las pechugas en una refractaria, alternando con brócoli. Colar la salsa y verter sobre las pechugas y el brócoli. Rociar con el queso y gratinar en horno a 235°C (450°F), hasta dorar. Servir de inmediato, en la refractaria.

PARA 6 PERSONAS

Pechugas de pollo
a la Kiev

6 pechugas de pollo pequeñas,
lavadas y escurridas
12 cdas. de mantequilla fría
sal, pimienta y orégano, al gusto
5 dientes de ajo, triturados
2 cdas. de perejil, finamente picado
papel aluminio
3 huevos
1/2 cda. de aceite de oliva
1 taza rasa de harina de trigo
1 taza de miga de pan
1 cda. de aceite

Deshuesar las pechugas con cuidado para no romper la carne. Partirlas a lo largo, en mitades. Detrás de cada mitad se encuentra un trozo de carne más pequeño, separado de la pechuga. Rellenar este "bolsillo" con 1/2 cucharada de mantequilla sazonada con sal, pimienta, orégano, ajo y perejil. Unir bien las dos mitades de pechuga y envolverlas en papel aluminio; congelar durante 24 horas.

Al día siguiente, retirar el papel cuidando que las pechugas no se descongelen.

Aparte, batir los huevos con sal, pimienta y aceite de oliva. Rebozar las pechugas congeladas, primero en harina, luego en el huevo batido y por último en la miga de pan.

Calentar bien la mantequilla restante con la cucharada de aceite. Freír las pechugas hasta dorarlas por todos lados. Escurrir sobre toallas de papel y servir bien calientes.

PARA 6 PERSONAS

Nota: Este plato debe prepararse con 1 día de anticipación.

Perniles de pollo
con champiñones

6 perniles enteros, sin piel, lavados y escurridos
1 cebolla blanca mediana, finamente picada
2 ajos, finamente picados
sal, pimienta y comino en polvo, al gusto
papel aluminio
3 cdas. de mantequilla
2 tazas de champiñones lavados,
escurridos y cortados en tajadas (dejar
los pequeños enteros)
1/2 taza de crema de leche
paprika al gusto

Sazonar los perniles con la cebolla, ajos, sal, pimienta y comino. Colocarlos en una refractaria, tapados con papel aluminio y hornear a 205°C (400°F) por 45 minutos. Retirar y reservar.

Aparte, calentar la mantequilla y sofreír los champiñones. Sazonar con un poco de sal y revolver con la crema de leche.

Antes de servir, espolvorear los perniles con la paprika e incorporar los champiñones y su salsa. Servir bien caliente.

PARA 6 PERSONAS

Pollo salteado con espárragos

Ver fotografía en la página 55.

*2 pollos tiernos de 1 lb (450 g) c/u,
limpios, lavados y escurridos
y cortados en trozos pequeños
sal y pimienta, al gusto
3 cdas. de harina de trigo
$1/2$ taza de aceite
1 cdita. de chalote (o cebolla roja) picado
3 cdas. de puré de tomate (ver pág. 133)
1 pizca de azúcar
$1/2$ taza de Jerez
$1/2$ taza de caldo de ternera caliente
(ver pág. 15)
1 yema de huevo, batida
1 frasco de puntas de espárrago, escurridas*

Sazonar los trozos de pollo con sal y rebozarlos en la harina. Calentar bien el aceite en un recipiente a fuego alto. Incorporar el pollo y dorar por todos lados.

Agregar el chalote, puré de tomate, sal, pimienta y azúcar. Cocinar por 10 minutos a fuego alto. Verter el Jerez y continuar la cocción por 7 minutos más. Agregar el caldo; rectificar la sazón. Incorporar la yema y cocinar sin dejar hervir, porque se corta.

Disponer en una bandeja el pollo con la salsa y servir caliente. Decorar los extremos, o alrededor, con las puntas de espárragos.

PARA 6 PERSONAS

Nota: este plato mejora su sabor si se prepara desde la víspera y se recalienta.

Pollo asado en su jugo

*2 pollos de 650 a 750 g c/u, limpios,
lavados y escurridos
sal y pimienta, al gusto
1 taza de aceite
$1/2$ taza de caldo de ternera (ver pág. 15)*

Salpimentar el interior y exterior de los pollos. Amarrarlos para que no pierdan su forma. Colocarlos de costado sobre una lata para hornear. Rociarlos con aceite.

Hornear a 235°C (450°F) por 15 minutos, rociando con la grasa cada 5 minutos. Voltear y cocinar de igual manera por 10 minutos más. Colocarlos con la pechuga hacia arriba y asar por otros 10 minutos.

Verificar que estén cocidos y dorados. Retirar del horno. Desgrasar la lata con el caldo, cocinar por 5 minutos y colar. Servir los pollos en una bandeja, con el jugo aparte, en una salsera.

PARA 6 PERSONAS

Variación: puede preparar pollo asado al Jerez, siguiendo las instrucciones de la receta anterior; cuando el ave comience a dorarse, rociarla con 1 copa de Jerez.

❀ Gallina en pepitoria

1 gallina grande, limpia, lavada
y escurrida (reservar las yemas, si las tuviera)
sal y pimienta, al gusto
6 cdas. de harina de trigo
6 cdas. de aceite
1 cebolla blanca grande, picada
1 taza de vino blanco seco, o Jerez
2 tazas de caldo sencillo (ver pág. 15)
2 yemas de huevo duro (si la gallina no trae
las yemas dentro)
2 dientes de ajo, triturados
3 cdas. de almendras, tostadas y trituradas
un poco de agua caliente

Cortar la pechuga de la gallina en mitades y el resto en presas. Salpimentar y rebozar en 5 cucharadas de harina. En un recipiente grande y pando, calentar bien el aceite y freír la gallina, sin dorar. Retirar las presas y añadir la cebolla; freír hasta dorar. Revolver con la cucharada de harina restante y dejar que tome un color oscuro. Incorporar las presas de gallina y el vino. Tapar y cocinar a fuego medio por 10 minutos. Agregar el caldo y continuar la cocción, con el recipiente tapado.

Aparte, triturar las yemas de la gallina, si las tuviera (o en su defecto las yemas de huevo duro), con el ajo y almendras. Agregar al recipiente a mitad de la cocción. Si se seca, añadir poco a poco agua caliente (debe quedar con salsa). Continuar la cocción, manteniendo el recipiente tapado, hasta que la gallina esté tierna. Servir caliente, con arroz blanco o papas al perejil.

PARA 6 PERSONAS

Pollo al limón

2 pollos de 650 a 750 g c/u, limpios,
lavados y escurridos
sal y pimienta, al gusto
1 cdita. de orégano en polvo
3 cdas. de mantequilla o margarina
jugo colado de 2 limones grandes
un poco de agua

Espolvorear el interior de los pollos con el orégano, y el exterior con pimienta.

En un recipiente de fondo grueso, calentar la mantequilla a fuego alto. Incorporar los pollos y dorar por todos lados.

Verter el jugo de limón en el recipiente, tapar y continuar la cocción a fuego medio, por 20 minutos más. Si fuera necesario, agregar un poco de agua. Servir de inmediato.

PARA 6 PERSONAS

❊ Pato a la naranja

1 pato tierno, de 2 kg, con menudencias, lavado
agua, en cantidad necesaria
3 naranjas sin pelar
4 cdas. de manteca de cerdo o aceite
sal y pimienta, al gusto
1 copa de Curaçao blanco o Cointreau
1 cda. de mantequilla
3 cdas. rasas de harina de trigo
rodajas finas de naranja, para decorar

Vaciar el pato. Reservar el hígado crudo. Cocinar las menudencias en agua para preparar un caldo concentrado. Colar y reservar 2 tazas

Pelar 1 naranja, descartar toda la parte blanca de la cáscara y cortar la parte amarilla en varios trozos. Introducirlos dentro del pato. Untar toda el ave con manteca o aceite y asar en la parrilla del horno (colocar debajo una lata para recoger los jugos) a 220°C (425°F) por 45 minutos. Voltearlo para que se dore de manera uniforme y rociar de vez en cuando con el jugo. Salpimentar y reservar caliente. Reservar el jugo desgrasado.

Aparte, pelar las 2 naranjas restantes. Descartar la membrana blanca y remojar la parte amarilla en agua hirviendo. Retirar y escurrir. En un mortero, triturar la cáscara con el hígado crudo y la copa de Curaçao o Cointreau. Reservar.

En un recipiente pequeño, calentar las 2 tazas de caldo colado reservado, agregar la mantequilla ligada con la harina y revolver. Incorporar la cáscara triturada y el jugo de cocción del pato. Dejar hervir y pasar por un colador fino; reservar bien caliente.

Retirar la cáscara del interior del pato. Trinchar y colocar las presas sobre una bandeja precalentada. Decorar con las rodajas de naranja.

Servir la salsa aparte, en una salsera.

PARA 6 PERSONAS

❊ Pavo con salsa de manzana

1 pavo de 3 kg, limpio
1 1/2 tazas de aceite
sal al gusto

Salsa de manzana a la inglesa:

2 lb de manzanas criollas con cáscara (se pueden
remplazar por cualquier variedad ácida)
1 taza de agua caliente
3 cdas. de azúcar
1/2 cdita. de canela en polvo

Amarrar los perniles y alas del pavo. Sazonar el exterior del ave con sal. Colocar de costado sobre una lata para hornear, y rociar con el aceite. Asarlo en horno a 220°C (425°F). Para verificar si esta temperatura es la correcta, el pavo debe chasquear (como cuando se fríe) a los 5 minutos de cocción. Cocinar por 1 hora, voltear y continuar por 1 hora más. Colocar con la pechuga hacia arriba y dejarlo por 20 minutos. Retirar del horno, colar y reservar los jugos de la lata.

Para preparar la salsa: asar las manzanas en el horno hasta que estén tiernas. Descartar las cáscaras y semillas. Licuar las manzanas con 1 taza de agua caliente, azúcar y canela. Colar y reservar.

Antes de servir, trinchar el pavo. Colocar los muslos enteros en una bandeja larga y a los lados la pechuga cortada en finas tajadas. Cubrir el fondo de la bandeja con el jugo de cocción reservado. Servir la salsa de manzana aparte, en una salsera.

PARA 12 PERSONAS

Nota: como la salsa forma una película en la superficie, conviene colarla antes de servir.

✳ Pollo en cocotte

2 pollos de 500 a 600 g c/u, limpios, lavados y escurridos
sal y pimienta, al gusto • 1 cda. de manteca de cerdo o aceite
1 taza de Jerez • papel aluminio • 1 taza de caldo de ternera
(ver pág. 15) • 1 cda. de perejil picado
3 tajadas de pan tostado cortadas en cubos

Papas cocotte:

1/2 lb de papas pequeñas, peladas y cortadas en bastones
agua, cantidad suficiente • 3 cdas. de mantequilla • sal al gusto

Alcachofas:

4 alcachofas pequeñas • 1/2 limón • 2 tazas de agua bien fría
2 cdas. de aceite • pulpa de 1/2 limón • 3 granos de pimienta
negra, triturados • 1 hoja de laurel • sal y tomillo, al gusto
papel encerado engrasado con aceite

Cebollitas glaseadas:

1/2 lb de cebollitas blancas • un poco de agua hirviendo
sal, pimienta blanca y azúcar, al gusto • 3 cdas. de mantequilla

Amarrar los pollos. Sazonarlos con sal y colocarlos de costado sobre una lata para hornear. Rociarlos con la manteca o aceite. Hornear por 10 minutos a 220°C (425°F), voltear y asar por 5 minutos, colocar con la pechuga hacia arriba y hornear por 5 minutos (rociar frecuentemente con los jugos de cocción). Despresar los pollos y pasarlos a una *cocotte* . Reservar los jugos de la lata.

Verter el vino sobre los pollos, tapar con papel aluminio y cocinar a fuego alto hasta que se evapore. Desgrasar los jugos reservados por decantación (la grasa, por ser más pesada, quedará abajo) y verterlos con cuidado en un recipiente con el caldo de ternera. Cocinar hasta reducir a la mitad e incorporar a la *cocotte*. Reservar la grasa decantada, para freír los *croûtons*.

Para preparar las papas, cocinarlas a fuego alto por 15 minutos. Escurrir, agregar la mantequilla y sal. Dorarlas en el horno y reservar.

Para preparar las alcachofas, retirar primero las hojas externas y cortar los corazones en 5. Frotarlos con 1/2 limón y sumergirlos en un recipiente con 2 tazas de agua muy fría, aceite, pulpa de limón, pimienta, laurel, sal y tomillo. Cubrir el recipiente con el papel engrasado; cocinar a fuego alto por 30 minutos. Retirar del fuego, escurrir y reservar.

Para preparar las cebollitas, cocinarlas en el agua con la sal, pimienta, 1 pizca de azúcar y mantequilla. Tapar y colocar el recipiente en horno caliente, hasta que el líquido se evapore. Retirar del horno y reservar.

Para preparar los croûtons, freír los cubos de pan tostado en la grasa reservada. Retirar, escurrir sobre toallas de papel y reservar.

En una bandeja precalentada disponer las presas de pollo con las papas, las alcachofas, las cebollitas y los *croûtons*. Salpicar con perejil.

PARA 6 PERSONAS

Carnes

De ternera 73
De cerdo 79
De res 83
De cordero 90

DE TERNERA

Chuletas con puré de cebolla

6 chuletas grandes de ternera, de igual tamaño
sal y pimienta, al gusto
1 cda. de aceite
4 cdas. de mantequilla
6 cdas. de queso Parmesano rallado

Puré de cebolla:

1 cebolla larga pequeña, cortada en trozos
un poco de agua
2 cdas. de mantequilla
sal y pimienta, al gusto
salsa blanca (ver pág. 148), preparada con 2 tazas
de leche y 1/2 taza de harina
1/2 taza escasa de crema de leche

Despejar un trozo del hueso de las chuletas; salpimentar. Calentar a fuego alto el aceite con 3 cucharadas de mantequilla y freír las chuletas por ambos lados (deben quedar jugosas). Reservar.

Para preparar el puré, cocinar la cebolla cubierta con agua, a fuego alto por 5 minutos. Retirar, descartar el agua y refrescar con agua fría. Colocar la cebolla y la mantequilla en un recipiente, salpimentar, tapar y cocinar a fuego bajo hasta que se evapore toda la humedad.

Verter la salsa blanca y la crema de leche sobre la cebolla. Cocinar por 10 minutos, colar (debe quedar un puré fino), rectificar la sazón y mezclar con cuchara. Reservar.

Por un costado de las chuletas, abrir un "bolsillo" y rellenarlo con el puré de cebolla reservado. Cubrirlas totalmente con el puré, extenderlo con una espátula para que quede uniforme, salpicar con el queso rallado, rociarlas con la mantequilla restante derretida y colocarlas con cuidado en una refractaria.

Cinco minutos antes de servir, hornear las chuletas a 235°C (450°F) hasta que estén doradas. Servir de inmediato.

PARA 6 PERSONAS

Murillo al limón

3 lb de murillo de ternera, en un solo trozo
1 cda. rasa de sal
pimienta al gusto
3 cdas. de aceite
2 cdas. de jugo de limón
3 tazas de caldo sencillo (ver pág. 15)
1 ramita de perejil
1 ramita de romero
3 cebollines
1 cebolla blanca mediana, cortada
en trozos grandes
1 grano de pimienta negra
1/2 vaso de vino blanco
1 cdita. de harina de trigo

Frotar la carne con la sal y dejar reposar por 20 minutos. Sazonar con pimienta. Calentar el aceite a fuego alto en una olla de presión y freír la carne hasta dorar por todos lados. Rociarla con el jugo de limón y caldo. Agregar el perejil, romero, cebollines, cebolla y 1 grano de pimienta. Tapar y cocinar por 40 minutos. Retirar y reservar la carne.

Colar el caldo sobre otro recipiente, añadir el vino y espesar con la harina. Cocinar por unos minutos y reservar caliente.

Cortar el murillo en tajadas, disponerlas sobre una bandeja y servir de inmediato con la salsa aparte, en una salsera.

PARA 6 PERSONAS

Escalopes con salsa de almendras

3 cdas. de aceite
6 filetes de ternera, de 100 g c/u

Salsa de almendras:

2 cebollas blancas, picadas
1 diente de ajo, picado
1/2 lb de tomates, pelados y cortados
en cubos (ver pág. 7)
sal y pimienta, al gusto
1/4 lb de almendras, tostadas y trituradas
1 ramita de perejil, picada
1 vasito de vino blanco

Calentar el aceite en una sartén a fuego alto y freír los filetes por 6 minutos en cada lado. Retirar y reservar calientes.

En el mismo aceite, sofreír la cebolla con el ajo y el tomate; salpimentar. Agregar las almendras, el perejil y el vino. Cocinar por unos segundos más y reservar.

Disponer los escalopes sobre una bandeja precalentada y cubrir cada uno con 1 cucharada de salsa. Servir de inmediato con la salsa restante aparte, en una salsera.

PARA 6 PERSONAS

Steaks de ternera

1 cda. de aceite
4 cdas. de mantequilla
6 filetes de lomo de ternera
sal y pimienta, al gusto
papel aluminio
3 dientes grandes de ajo, pelados
y finamente picados
2 vasos de vino blanco seco
1 cdita. de mostaza
1 cdita. de perejil

Calentar el aceite a fuego alto, en una sartén. Deslizarlo por el fondo para que quede bien cubierto. Incorporar 2 cucharadas de mantequilla y los filetes; salpimentarlos. Cuidar que la mantequilla no se queme. Cocinar la carne por ambos lados, retirar y reservar caliente al baño maría, cubierta con papel aluminio.

En la misma sartén, extender los ajos picados en una sola capa. Sofreírlos sin dorar. Verter el vino y dejar reducir a la mitad. Salpimentar y retirar del fuego. Incorporar las 2 cucharadas restantes de mantequilla, la mostaza y el perejil. Revolver y colocar aparte en una salsera o rociar sobre los filetes. Servir de inmediato.

PARA 6 PERSONAS

Salchichas en vino

2 lb de salchichas de ternera
2 cdas. de mantequilla
1 taza de vino blanco
3 cdas. de pan rallado
3 cdas. de perejil picado

Precalentar el horno a 220°C (425°F). Pinchar las salchichas en varias partes, para que no estallen. Colocarlas en una refractaria engrasada con mantequilla. Rociarlas con el vino y hornear por 8 minutos. Retirar del horno, espolvorear con el pan rallado y el perejil. Hornear por 2 minutos más. Servir de inmediato.

PARA 6 PERSONAS

❈ Blanqueta de ternera

1 cda. de mantequilla
3 cdas. de harina de trigo
un poco de agua
3 lb de lomo de ternera magro, sazonado con sal
sal, pimienta y nuez moscada, al gusto
1 lb de cebolla blanca, picada
1 lb de zanahoria, cortada en rodajas gruesas
1 ramillete de hierbas compuesto de: 2 ramitas
de perejil, 1 de tomillo, 1 de orégano y 2 hojas
de laurel, atadas
1 taza escasa de crema de leche
unas gotas de jugo de limón

En un recipiente que pueda contener el lomo, mezclar la mantequilla con la harina. Cocinar por unos segundos a fuego medio. Cuando comience a burbujear, añadir un poco de agua; revolver. Incorporar el lomo y agua (hasta cubrirlo).

Sazonar con sal, pimienta y nuez moscada. Agregar la cebolla, la zanahoria y el ramillete. Tapar y cocinar hasta que la carne esté tierna y la salsa espesa. Retirar el lomo y cortarlo en tajadas.

Rectificar la sazón de la salsa, añadir la crema de leche y calentar sin dejar hervir. Retirar del fuego y agregar jugo de limón.

Colocar las tajadas de lomo en una bandeja y verter encima la salsa, con las rodajas de zanahoria. Servir de inmediato.

PARA 6 PERSONAS

Ternera asada en su jugo

3 lb de lomo de ternera limpio, recortado
para que tenga buena forma (reservar
la grasa y recortes)
1 taza de aceite
sal al gusto
1 taza de caldo de ternera (ver pág. 15)

Sobre una lata para hornear, disponer la grasa y los recortes reservados y encima el lomo. Rociar el aceite y sazonar con sal. Hornear a 220°C (425°F) por 30 minutos. Retirar la carne y dejar reposar en un recipiente tapado, durante 10 minutos.

Desgrasar el líquido de cocción de la lata, añadir el caldo, cocinar por 10 minutos, colar y reservar caliente, en una salsera.

Cortar el lomo en tajadas finas, disponerlas escalonadas sobre una bandeja larga, y servir de inmediato con la salsa aparte.

PARA 6 PERSONAS

Ternera braseada

2 lb de murillo de ternera, sin hueso,
en un solo trozo
1 zanahoria grande, cortada en rodajas
1 cebolla roja grande, cortada en rodajas
1 ramillete de hierbas compuesto de: 1 cebolla
larga, 4 ramitas de perejil, 1 hora de laurel,
1 ramita de tomillo y 1 de orégano
1 taza de aceite
sal y pimienta, al gusto
papel aluminio
2 tazas de vino blanco
2 tazas de agua
1 cdita. de fécula de maíz disuelta
en 2 cdas. de agua

Amarrar la carne con hilo, para que conserve una buena forma.

En un recipiente pando, para hornear, disponer un lecho de zanahoria, una capa de cebolla y el ramillete de hierbas. Colocar encima la carne. Rociar con el aceite y salpimentar. Tapar con papel aluminio y hornear a 220°C (425°F).

Cuando las verduras comiencen a dorar, verter el vino, tapar y hornear hasta dorar la carne. Voltear y dorar por el otro lado. Si el vino se evapora, agregar 1 taza de agua. Retirar la carne cuando esté cocida y reservar.

Desgrasar el líquido de cocción del recipiente. Si es muy poco, incorporar 1 taza de agua y espesar con la fécula. Dejar hervir por 5 minutos, colar y disponer en una salsera.

Cortar la carne en tajadas y servir de inmediato. Acompañar con la salsa.

PARA 6 PERSONAS

Tortitas de hígado

1 lb de hígado de ternera limpio,
cortado en trozos
agua, cantidad necesaria
1 taza de miga de pan, remojada
en leche y escurrida
1 cebolla blanca pequeña, picada
2 huevos, separados
2 cdas. de perejil, finamente picado
1 cda. de mejorana, finamente picada
1/2 cdita. de orégano, finamente picado
sal y pimienta, al gusto
1 taza de aceite
1/4 lb de mantequilla
4 gotas de jugo de limón

Cocinar el hígado en el agua, a fuego alto por 7 minutos. Molerlo con el pan remojado y la cebolla. Batir las claras de huevo a punto de nieve, mezclar con las yemas, el hígado molido, 1 cda. de perejil, la mejorana, el orégano, sal y pimienta. Calentar el aceite y freír la pasta de hígado por cucharadas, hasta dorar. Escurrir sobre toallas de papel.

Aparte, derretir la mantequilla y dejar calentar bien. Incorporar el perejil restante, sal y jugo de limón.

Disponer las tortitas sobre una bandeja y rociar con la mantequilla caliente. Servir de inmediato.

PARA 6 PERSONAS

❋ Ternera a la castellana

Ver fotografía en la página 56.

2 lb de murillo de ternera, cortado en 18 trozos
sal y pimienta blanca, al gusto
1 taza de aceite
1 copa de vino blanco seco
1 ramillete de hierbas compuesto de: 1 cebolla larga,
1 hoja de laurel, 1 ramita de salvia,
2 ramitas de perejil
2 dientes de ajo
1/2 cebolla blanca mediana, finamente picada
11/2 cdas. de harina de trigo
4 tazas de caldo sencillo (ver pág. 15)
1/2 cdita. de hebras de azafrán
1/2 cdita. de sal
36 almendras, tostadas y molidas
1 taza de agua fría
1/2 cdita. de canela en polvo
18 tostaditas, para acompañar

Salpimentar los trozos de ternera. En una sartén, calentar el aceite a fuego alto y freír la carne, volteando con frecuencia para evitar que se dore. Retirar y colocar los trozos de carne en una sola capa, en un recipiente grande y pando para hornear. Reservar el aceite de la sartén. Verter el vino sobre la ternera, agregar el ramillete de hierbas, tapar y cocinar a fuego medio.

Añadir 1 diente de ajo y la cebolla a la sartén; sofreír sin dejar dorar. Mezclar con la harina y luego con el caldo. Batir la salsa e incorporarla al recipiente con la ternera.

Aparte, en un mortero, triturar 1 diente de ajo con el azafrán y 1/2 cucharadita de sal. Añadir las almendras y triturar bien. Mezclar esta pasta con 1 taza de agua fría e incorporarla a la ternera. Espolvorear con la canela. Hornear a 220°C (425°F) por 40 minutos, hasta que la carne esté tierna. Servir de inmediato, en el mismo recipiente, acompañado de las tostaditas.

PARA 6 PERSONAS

Lomito asado en su jugo

*2 lb de lomito de cerdo, limpio (reservar
los recortes y la grasa)
2 cdas. de manteca de cerdo
2 cdas. de aceite
sal y pimienta, al gusto
1 taza de caldo*

Piña frita:

*1 taza de harina de trigo
2 cdas. de azúcar • 1/2 cdita. de sal
2 huevos, separados
corteza rallada de 1 limón grande
1/2 taza de leche
1 piña mediana, pelada y cortada en rodajas
1/2 taza de aceite*

Amarrar el lomito con hilo, para que conserve una buena forma. Sobre una lata para hornear, colocar la grasa y los recortes reservados y encima el lomito. Rociarlo con la manteca y el aceite; salpimentar. Hornear a 220°C (425°F) por 20 minutos. Voltear, rociar con los jugos y salpimentar. Asar por 20 minutos, retirar y reservar. Desgrasar los jugos de la lata, verter la taza de caldo, raspar el fondo con una cuchara de madera y cocinar por 15 minutos. Colar y reservar.

Para preparar la piña frita, mezclar la harina con el azúcar y la sal. Agregar las yemas de huevo batidas, la corteza rallada y la leche. Incorporar las claras batidas, uniéndolas bien con los otros ingredientes. Rebozar las rodajas de piña en esta mezcla y freírlas en aceite caliente, hasta dorar. Escurrir sobre toallas de papel.

Disponer el lomito, cortado en tajadas, sobre una bandeja (previamente, cubrir el fondo con 1/2 taza del jugo reservado). Intercalar la carne con rodajas de piña frita. Acompañar con el jugo restante, en una salsera.

PARA 6 PERSONAS

Lomo a la manzana

*2 lb de lomo de cerdo, sin grasa
(derretir la grasa con 2 cdas. de aceite)
1 cebolla blanca mediana, cortada en rodajas
1 zanahoria mediana, cortada en trozos
1 hoja de laurel
sal y pimienta, al gusto
2 tazas de cerveza
1 1/2 lb de manzana pelada, cortada en cuartos,
sin corazón ni semillas (reservar las cáscaras
y recortes); cortar los cuartos en mitades
papel aluminio
1 copa de vino blanco
2 cdas. de mantequilla
2 cdas. de azúcar
1 cda. colmada de harina de trigo*

Colocar el lomo en una refractaria; rociar con la grasa derretida. Incorporar la cebolla, zanahoria, laurel, sal y pimienta. Hornear a 235°C (450°F), voltear con frecuencia hasta dorar por todos lados y luego añadir la cerveza, las cáscaras y recortes reservados de manzana. Tapar con papel aluminio y cocinar a 220°C (425°F) por 1/2 hora más.

En otra refractaria, colocar los trozos de manzana, rociar con el vino, mantequilla y azúcar. Hornear hasta que estén tiernos y dorados.

Retirar el lomo y dejarlo reposar por unos minutos. Colar la salsa de cocción y reservar al calor. Cortar la carne en rodajas, disponerlas sobre una bandeja de servir y cubrirlas con la salsa caliente. Decorar alrededor con los trozos de manzana. Servir de inmediato.

PARA 6 PERSONAS

Chuletas apanadas con salsa de alcaparras

Ver fotografía en la página 57.

6 chuletas de cerdo, de 150 g c/u
sal y pimienta, al gusto
1/2 taza de harina de trigo
2 huevos batidos con 1 cda. de aceite
6 cdas. de pan rallado
1/2 taza de aceite
papel blanco o de aluminio

Salsa de alcaparras:

1 cda. de cebolla picada
1/2 taza de vino blanco
1 taza de agua
1 cda. de puré de tomate (ver pág. 133)
2 cdas. de alcaparras
1/2 taza de pepinillos en vinagre, picados
1 cda. de perejil, finamente picado

Dejar libres 3 cm de hueso, raspando la carne. Aplanar, salpimentar y rebozar las chuletas pasándolas por harina, huevo y pan rallado. Presionarlas con un cuchillo para que la miga se adhiera y queden bien apanadas.

Calentar bien el aceite y freír las chuletas por ambos lados, hasta dorar. Retirar, escurrir sobre toallas de papel y reservar calientes. Colar y reservar el aceite en otra sartén limpia.

Para preparar la salsa, freír la cebolla en el aceite reservado, hasta dorar. Incorporar el vino, agua, puré de tomate, alcaparras, pepinillos y perejil. Salpimentar y cocinar a fuego medio por 20 minutos. Colocar las chuletas en círculo, sobre una bandeja. Cubrir el hueso libre con un *papillote* y colocar en el centro la salsa, en un recipiente aparte.

PARA 6 PERSONAS

Chuletas en su jugo

6 chuletas de cerdo
sal y pimienta, al gusto
1/2 taza escasa de harina de trigo
4 cdas. de aceite
1 diente de ajo
1 cdita. de perejil picado
2 cdas. de vinagre
1/2 taza de caldo sencillo (ver pág. 15)
1 pizca de laurel en polvo
1 pizca de tomillo desmenuzado

Salpimentar las chuletas. Rebozarlas en harina. Calentar el aceite a fuego alto en una sartén y dorarlas.

Retirar las chuletas y en el mismo aceite rehogar el ajo y el perejil, por unos segundos. Rociar con el vinagre y dejar reducir; añadir el caldo, las chuletas, el laurel y tomillo. Dejar hervir. Retirarlas a una cazuela de barro, colocándolas en forma escalonada.

Rociar con el jugo de cocción y servir de inmediato, en la cazuela.

PARA 6 PERSONAS

Costillas con salsa agridulce

2 lb de costillas de cerdo, cortadas en trocitos
sal y pimienta, al gusto
agua, cantidad suficiente
salsa agridulce (ver pág. 147)

Salpimentar las costillas y reservar.

Media hora antes de servir, colocar las costillas en una sartén, cubrir con el agua y hervir a fuego bajo hasta que suelten la grasa. Dejarlas que se frían hasta dorar por ambos lados. Retirar.

Preparar la salsa agridulce como se indica. Incorporar la carne. Dejar rehogar por unos minutos y servir de inmediato.

PARA 6 PERSONAS

Jamón al Jerez

12 tajadas de jamón York o serrano, de 50 g c/u
1 taza de Jerez
papel aluminio (engrasar un lado
con mantequilla)

Salsa:
1 taza de caldo sencillo (ver pág. 15)
1 cdita. de fécula de maíz

Colocar el jamón sobre una lata para hornear, mojarlas con el Jerez y cubrir con el papel aluminio (colocar el lado engrasado hacia adentro). Hornear a 220°C (425°F) por 3 minutos. Retirar el jamón y reservar el jugo de cocción.

Para preparar la salsa, hervir el caldo con la fécula disuelta en el jugo de cocción reservado, hasta espesar ligeramente.

Para servir, disponer las tajadas en forma escalonada sobre una bandeja larga y rociar con la salsa.

PARA 6 PERSONAS

❋ Pernil marinado

1 pernil de cerdo, de 8 a 10 lb (3^1/$_2$ a 4^1/$_2$ kg)
papel aluminio (1 trozo grande para envolver el pernil)
^{1}/$_2$ litro de vino blanco • 2 cdas. de azúcar

Salsa para marinar:

2 cabezas grandes de ajo • ^{1}/$_2$ taza de perejil picado
3 ramitas de hierbabuena • 1 cdita. de canela en polvo
10 granos de pimienta negra • 3 clavos de olor
^{1}/$_2$ cdita. de azafrán • ^{1}/$_2$ cdita. de semillas de anís
3 hojas de laurel • sal (1 cdita. por libra de carne)
^{1}/$_2$ nuez moscada, rallada • ^{1}/$_2$ litro de vino blanco
1 ramillete de tomillo • 2 pimientos rojos medianos,
sin semillas • ^{1}/$_2$ cdita. de azafrán
2 cebollas rojas, finamente picadas

Pinchar el pernil por todos lados para que se impregne con la salsa. Licuar todos los ingredientes de la marinada.

Colocar el trozo de papel aluminio sobre un recipiente grande y hondo; disponer encima el pernil. Verter la marinada licuada y envolver la carne con el papel. Sellar para que la salsa no se salga y refrigerar hasta el día siguiente en la parte inferior de la nevera.

Al otro día, precalentar el horno a 220°C (425°F). Retirar el pernil de la nevera, quitar el papel y reservar la marinada. Disponer el pernil sobre una lata para hornear. Colar la marinada, presionar para extraer todo el líquido posible y mezclar con el vino.

Hornear el pernil, calculando ^{1}/$_2$ hora por cada libra de carne. Rociarlo frecuentemente con la marinada. Para verificar la cocción, pinchar la parte más gruesa de la carne, hasta tocar el hueso central; estará listo cuando los jugos que salgan estén claros, sin sangre.

Retirar del horno, dejar enfriar y espolvorear con el azúcar. Calentar bien un hierro y apoyarlo sobre el azúcar hasta tostar, formando un enrejado en la superficie. Cortar en tajadas y servirlas frías en una bandeja, colocándolas escalonadas.

Nota: este plato es especial para reuniones, porque rinde mucho. El pernil debe marinarse desde el día anterior.

Lomito al horno

2 lb de lomito de res limpio, en un solo trozo
(reservar los nervios, grasa y cualquier recorte)
5 cdas. de aceite
1 cda. de manteca de cerdo
sal al gusto
1 taza de agua
1 cdita. de fécula de maíz disuelta
en 2 cdas. de agua

Amarrar el lomito con hilo para que mantenga una buena forma. En una lata para hornear, colocar la grasa, nervios y cualquier recorte que haya quedado al limpiar el lomo. Disponer encima la carne y hornear a 235°C (450°F) por 20 minutos. Durante la cocción rociar frecuentemente con sus jugos.

Para verificar si está en el término correcto, pinchar la parte más gruesa de la carne. Si está lista el líquido sale claro, sin sangre. Retirar y reservar la carne caliente en un recipiente tapado por 15 minutos.

Desengrasar el líquido de la lata donde se cocinó la carne. Incorporar a la lata 1 taza de agua, dejar cocinar a fuego bajo por 15 minutos. Colar y mezclar con los jugos que haya soltado la carne. Si está claro, espesar con la fécula. Dejar cocinar por unos minutos y colar.

Cortar la carne en tajadas, colocarlas en una bandeja y servir de inmediato acompañado con la salsa aparte, en una salsera.

PARA 6 PERSONAS

Bistec con aguacate

1 1/2 lb de lomito limpio de res, cortado
en 6 tajadas iguales y aplanadas
gajos de limón y rodajas de aguacate,
para decorar

Puré de aguacate:

3 aguacates pequeños, pelados y deshuesados
sal y pimienta, al gusto
3 cdas. de jugo de limón
6 cdas. de mantequilla batida

Preparar primero el puré con la pulpa de los aguacates. Sazonar con sal, pimienta y jugo de limón. Mezclar con la mantequilla batida; reservar.

Asar la carne en una plancha hasta el término de su preferencia.

Servir de inmediato, cubriendo las tajadas con el puré de aguacate. Decorar con el limón y las rodajas de aguacate.

PARA 6 PERSONAS

Filet Mignon

Ver fotografía en la página 58.

1¹/₂ lb de lomito limpio de res, cortado
en 6 tajadas gruesas y aplanadas
6 tajadas largas de tocineta
sal y pimienta, al gusto
1 taza de champiñones lavados, escurridos
y cortados en mitades
un poco de agua fría
jugo de 2 limones pequeños
3 cdas. de mantequilla
1 cda. de aceite
5 cditas. de perejil, finamente picado

Envolver las tajadas de carne con las tiras de to-cineta y atarlas con un hilo. Sazonar con sal y pimienta.

Aparte, remojar durante 30 minutos los cham-piñones en un poco de agua fría con el jugo de 1 limón. Escurrir y freírlos en 2 cucharadas de mantequilla caliente, por 3 minutos. Reservar caliente.

En una sartén grande, calentar la mantequilla restante con el jugo del segundo limón. Freír los filetes por ambos lados, a fuego alto, hasta que tengan el término de su preferencia. Pasarlos a una bandeja de servir, sin el hilo. Rociarlos con los champiñones y su jugo. Salpicar con el pere-jil y servir bien caliente.

PARA 6 PERSONAS

Bistec de hígado

6 finas tajadas de hígado de res, limpias
3 cdas. de mantequilla a temperatura ambiente
2 cebollas blancas medianas,
cortadas en rodajas
3 tomates grandes, pelados
y cortados en rodajas (ver pág. 7)
1 cda. de perejil o cilantro picado
unas gotas de salsa inglesa (Worcestershire)
sal y pimienta, al gusto

En una sartén grande a fuego alto, derretir 2 cu-charadas de mantequilla y dorar las tajadas de hígado por ambos lados (tener cuidado de no tos-tarlas).

Cubrir las tajadas de hígado con cebolla, tomate, perejil, cilantro, 1 cucharada de mantequilla, sal-sa inglesa, sal y pimienta.

Tapar la sartén y continuar la cocción hasta que la salsa esté cocida. Servir de inmediato.

PARA 6 PERSONAS

Lomito al whisky

2 lb de lomito de res limpio, en un solo trozo
1/2 cdita. de laurel en polvo
1/2 cdita. de tomillo en polvo
sal y pimienta, al gusto
3 cdas. de mantequilla
1/2 taza escasa de whisky
1 taza de crema de leche

Amarrar el lomito con un hilo para que mantenga una buena forma. Sazonar con laurel, tomillo, sal y pimienta. Derretir la mantequilla en una lata para hornear larga y angosta, que permita colocar cómodamente la carne. Disponer el lomito sobre la lata y asar a 220°C (425°F) por 35 minutos o hasta dorar por todos lados.

Para verificar la cocción, antes de sacarlo del horno pinchar la parte más gruesa con un cuchillo fino y puntudo. Cuando está cocido los líquidos salen claros, sin restos de sangre.

Una vez terminada la cocción, retirar, rociar el lomo con el whisky y encender con un fósforo. Cuando las llamas se apaguen, rociar con la crema de leche. Tapar y dejar reposar por 10 minutos. Retirar el hilo y cortar en tajadas.

Desengrasar el líquido que haya quedado en la lata y mezclar con el que haya soltado la carne durante el reposo. Pasar por colador sobre un recipiente pequeño, calentar bien y verter sobre las tajadas de carne, dispuestas en una bandeja. Servir de inmediato.

Para 6 personas

Bistec

1 1/2 lb de lomo de res limpio, cortado, en 6
tajadas iguales, aplanadas
2 cdas. de aceite
sal y pimienta, al gusto
2 cebollas rojas grandes, cortadas en rodajas
4 tomates medianos, pelados y cortados en
rodajas (ver pág. 7)
2 cdas. de mantequilla, cortada en trocitos
6 ramitos de perejil, sin tallo

En una sartén grande y honda, calentar bien el aceite y freír ligeramente las tajadas de carne por ambos lados. Las tajadas deben estar bien extendidas.

Salpimentar. Cubrir la carne con rodajas de cebolla y tomate, trozos de mantequilla y perejil. Tapar la sartén y cocinar a fuego medio hasta que la cebolla y el tomate estén cocidos.

Servir de inmediato.

Para 6 personas

Riñones al Jerez

2 lb de riñones de res, limpios
sal y pimienta, al gusto
1/2 taza de aceite (puede emplearse
aceite ya usado)
1 cda. de mantequilla
1/2 taza de vino blanco o Jerez
2 cdas. de perejil picado

Salsa:

3 cdas. de aceite
1 diente grande de ajo, finamente picado
1 cda. de cebolla blanca, finamente picada
harina de trigo (suficiente para
espesar ligeramente)
2 tazas de agua hirviendo
sal al gusto

Cortar los riñones a lo ancho, en tajadas de 1/2 cm de grosor. Sazonar con sal y pimienta. En una sartén grande, a fuego alto, calentar el aceite y freír la mitad de los riñones por 1 minuto. Retirar y escurrir en un colador, para descartar todo el líquido que suelten.

Cocinar la mitad restante del mismo modo. Una vez escurridos, colocar en un recipiente con la mantequilla y el vino. Tapar y dejar hervir. Retirar del fuego y reservar calientes.

Para preparar la salsa, calentar el aceite y sofreír el ajo y la cebolla a fuego medio, sin dorar. Mezclar con la harina y rociar poco a poco el agua, sin dejar de revolver. Cocinar a fuego medio por 10 minutos.

Pasar la salsa por colador fino y verter sobre los riñones. Calentar bien sin dejar hervir. Pasar los riñones con la salsa a una bandeja, salpicar con perejil y servir de inmediato.

PARA 6 PERSONAS

Rollos de carne

3 cdas. de queso Parmesano rallado
3 cucharadas de pan rallado
4 cdas. de perejil, finamente picado
3 dientes grandes de ajo, finamente picados
sal al gusto
8 cdas. de aceite
3 lb de lomito de res limpio, cortado
en 12 tajadas iguales y aplanadas
3 cdas. de mantequilla
1 cebolla blanca mediana, finamente picada
1 taza de vino tinto seco
palillos de madera

Mezclar el queso con el pan rallado, perejil, ajo, sal y 4 cucharadas de aceite, para formar el relleno.

Extender las tajadas de carne sobre una tabla de cocina y distribuir 2 cucharadas del relleno sobre cada una. Enrollar, sujetar con un palillo de madera y espolvorear con sal.

En una sartén grande, calentar el aceite restante y la mantequilla a fuego alto. Freír los rollos hasta dorar por todos lados. Retirar y en la misma grasa sofreír la cebolla sin dejar dorar. Incorporar de nuevo los rollos y rociar el vino. Tapar y cocinar a fuego bajo, volteando los rollos con frecuencia, hasta que la salsa espese y esté oscura. Pasar los rollos a una bandeja, retirar los palillos y rociar con la salsa bien caliente. Servir de inmediato.

PARA 6 PERSONAS

Nota: este plato también puede prepararse con filetes de ternera.

❋ Callos a la madrileña

2 lb de pata de ternera, cortada en mitades
1 lb de callo, en un solo pedazo
jugo de limón
sal al gusto
agua, cantidad suficiente
1 zanahoria grande
1 cebolla blanca grande
2 tallos de apio
1 cabeza pequeña de ajos

Salsa:

5 cdas. de aceite
2 dientes de ajo, picados
1 taza de jamón, cortado en cubos
2 chorizos rojos, cortados en rodajas
1 cebolla blanca mediana, finamente picada
1 ají rojo pequeño picante, o al gusto
1 hoja de laurel
1 cdita. de paprika
1 cda. de harina de trigo
1 taza de agua hirviendo
sal al gusto

Chamuscar los pelos de la pata de ternera. Lavar bien la pata y el callo. Frotar ambos con jugo de limón y sal. Volver a lavarlos con agua fría y luego hervirlos en un recipiente a fuego alto, cubiertos con agua. Retirar del fuego, escurrir y luego refrescar con agua, hasta que estén fríos y muy limpios.

Colocar la pata y el callo en una olla de presión, cubiertos con agua fría y con todos los ingredientes restantes, excepto los de la salsa. Dejar hervir sin tapar, espumar, tapar y cocinar por 2 horas. Verificar la cocción de la pata, si está lista y si el callo todavía no está tierno, retirarla y reservar. Tapar y continuar la cocción del callo hasta que esté blando. Retirar, dejar enfriar un poco y luego cortar ambas carnes en cubos. Colocar en una cazuela de barro, con un poco del caldo en que se cocinaron, colado. Reservar el caldo restante, colado (mínimo 1 taza).

Para preparar la salsa, calentar el aceite a fuego alto; incorporar los ajos, cebolla, jamón y chorizo. Tapar el recipiente y rehogar hasta que la cebolla esté cocida. Agregar el ají y dejar cocinar por unos minutos. Mezclar con la harina y revolver con el agua hirviendo. Pasar esta salsa a la cazuela con la pata y el callo. Añadir 1 taza del caldo reservado, rectificar la sazón y cocinar hasta que hierva. Pasar la cazuela al horno y continuar la cocción a 190°C (375°F) por 1 hora más. Servir de inmediato, en la misma cazuela.

PARA 6 PERSONAS

Nota: Este plato mejora su sabor si se prepara desde la víspera.

❋ Carbonada

2 lb de pierna de res limpia, cortada en cubos
sal, pimienta y comino, al gusto
1 cda. de panela raspada o de azúcar morena
5 cdas. de aceite
2 cebollas blancas medianas, picadas
2 pimientos rojos, sin semillas y picados
2 tomates grandes, pelados y cortados
en cubos (ver pág. 7)
2 dientes de ajo, picados
2 cdas. de perejil picado
1 lb de auyama, pelada o con cáscara (al gusto),
sin semillas y cortada en cubos
1 1/2 tazas de granos tiernos de maíz
4 duraznos criollos grandes pelados,
deshuesados y cortados en cubos
2 tazas de agua caliente
1 cerveza

Sazonar los cubos de carne con sal, pimienta, comino y panela (o azúcar morena).

En una olla de presión, calentar a fuego alto el aceite y sofreír la cebolla, pimientos, tomates, ajos y perejil hasta que estén tiernos, sin dorar. Incorporar la carne y tapar con una tapa común (no la de la olla).

Cocinar a fuego medio por unos minutos, hasta que la carne suelte sus jugos. Incorporar la auyama, los granos de maíz, los duraznos, el agua y la cerveza. Rectificar la sazón.

Tapar a presión y cocinar por 20 minutos, contados desde que la olla comience a pitar. Destapar, verificar la cocción de la carne y cocinar por unos minutos más, hasta que esté tierna. Servir de inmediato.

Para 6 personas

Nota: la salsa de la carne debe ser oscura. Si no lo está, añadir un chorrito de panela quemada.

❋ Lengua con salsa de jamón serrano

1 lengua grande de res
agua, cantidad suficiente
1/2 cda. de bicarbonato de soda
4 dientes de ajo, picados
1 cdita. de salvia fresca, finamente picada
1 hoja de laurel
2 cdas. de perejil picado
2 clavos de olor • 5 cdas. de aceite
1 1/2 lb de cebolla roja, cortada en finas rodajas
1/2 lb de jamón serrano, cortado en finas tajadas
sal y pimienta, al gusto
1 cda. de harina disuelta en 2 cdas. de agua
(opcional)

Lavar la lengua en agua con bicarbonato. Hervirla en un recipiente grande, cubierta con agua, a fuego alto. Cuando el pellejo se abulte, retirarla y raspar con un cuchillo, hasta que esté limpia. En una olla de presión, hervir abundante agua, incorporar la lengua, ajo, salvia, laurel, perejil y clavos. Tapar y cocinar a fuego medio por 1 hora. Verificar la cocción (debe quedar un poco blanda) y cocinar por unos minutos más, si fuera necesario. Retirar, colar el caldo y reservar.

En un recipiente grande, colocar el aceite, una capa de cebolla, otra de jamón y luego la lengua. Medir el caldo reservado y verter 2 tazas sobre la lengua. Si hay menos de 2 tazas, agregar agua hasta completar. Sazonar con sal y pimienta. Tapar y cocinar a fuego bajo hasta que la lengua esté tierna. Retirar, dejar reposar y luego cortarla en finas tajadas.

Licuar el líquido del recipiente. Colar y medir. Si está muy claro, espesar con la harina disuelta en agua. Rectificar la sazón. Hervir por 2 minutos. Deben resultar 1 1/2 tazas de esta salsa. Incorporar las tajadas de lengua y calentarlas. Servir de inmediato en una bandeja, con la salsa.

Para 6 personas

❆ Ossobuco
con champiñones

3 lb de hueso de pierna de res, cortado
en rodajas (deben tener algo de carne)
sal y pimienta, al gusto
1/2 taza de harina de trigo
4 cdas. de aceite • 7 cdas. de mantequilla
1 diente de ajo, triturado
2 cdas. de cebolla blanca, finamente picada
1 lb de tomate, pelado y cortado en cubos
1 taza de vino blanco
2 tazas de agua
1 ramillete compuesto de: 3 tallos de apio,
4 ramitas de perejil y 3 hojas de laurel
jugo de 1 limón
1 taza de champiñones, lavados y escurridos
2 cdas. de perejil, finamente picado

Salpimentar los huesos. Rebozar en la harina y golpearlos suavemente para eliminar el exceso. En una sartén, calentar el aceite con 4 cucharadas de mantequilla y dorar los huesos por ambos lados, a fuego medio. Retirar y reservar la grasa.

En un recipiente grande y ancho (no alto), calentar 2 cucharadas de mantequilla y colocar los trozos dorados de hueso en el fondo, sin superponerlos, para que sigan friéndose.

En la grasa reservada, sofreír el ajo y la cebolla por 2 minutos. Agregar el tomate y continuar la cocción hasta evaporar el jugo. Mezclar con el vino y el agua y verter en el recipiente con los huesos. Colocar el ramillete en el centro del recipiente, tapar y cocinar a fuego medio, hasta que la carne esté tierna. Descartar el ramillete.

Aparte, calentar 1 cucharada de mantequilla con el jugo de limón y freír los champiñones por 2 minutos. Verterlos con su jugo sobre los huesos; espolvorear con perejil picado y cocinar por 5 minutos. Servir de inmediato.

PARA 6 PERSONAS

❆ Rosbif

4 lb de lomo grande de res, limpio y en un solo
trozo (reservar los recortes y la grasa)
4 cdas. de manteca de cerdo o aceite
sal al gusto
2 tazas de agua fría

Amarrar el lomo con hilo para que mantenga una buena forma. Untarlo por todos lados con la manteca.

Sobre una lata para hornear, colocar los recortes y la grasa reservada y encima el lomo. Sazonar con sal y hornear a 220°C (425°F) por 1/2 hora. Voltear, rociar con sus propios jugos y hornear por 1/2 hora más.

Retirar y reservar el lomo en un recipiente tapado. Quitar la grasa de la lata y mojar el fondo con el agua. Cocinar a fuego bajo por 15 minutos, colar y reservar sobre fuego.

Cortar el *rosbif* en tajadas finas. Calentar una bandeja con 2 o 3 cucharadas del jugo caliente y disponer las tajadas en forma escalonada. Servir de inmediato con el jugo aparte, en una salsera.

PARA 10 PERSONAS

Nota: para verificar si la temperatura del horno es la correcta, 3 o 5 minutos después de introducida la lata la carne debe chasquear (como cuando se fríe).

❄ Pierna de cordero asada en su jugo

*1 cabeza mediana de ajos,
pelados y picados
sal al gusto
3 lb de pierna de cordero joven, limpia; cortar
los nervios y pincharla en varias partes
1 taza de manteca de cerdo o aceite
1 copa de Cognac
1 taza de agua
1 cdita. de fécula de maíz disuelta
en 2 cdas. de agua*

En un mortero, triturar los ajos con 1 cucharada de sal hasta obtener una pasta. Frotar la carne por todos lados, con la pasta. Untarla con la manteca o el aceite.

Colocar la pierna sobre una lata para hornear y asar a 220°C (425°F) por 2 horas, rociando cada 15 minutos con sus jugos para que no se seque. Pasada 1 hora de cocción, rociar con el Cognac. Voltear con frecuencia para que la cocción sea uniforme. Cuando la carne esté cocida, retirarla y reservar.

Desgrasar el líquido de cocción, mojar con 1 taza de agua (o menos si hay líquido suficiente), espesarlo con la fécula y hervir por 5 minutos. Colar y reservar.

Disponer la pierna cortada en tajadas sobre una bandeja y servir de inmediato con la salsa aparte, en una salsera.

PARA 6 PERSONAS

❄ Cazuela de cordero

*2 lb de papa sabanera, pelada
y cortada en gruesas rodajas
2 hojas de laurel
4 dientes de ajo
3 lb de pierna de cordero, en un solo trozo
1/2 taza de aceite (reservar 2 cdas.)
sal al gusto
3 ramitas de perejil, picadas
2 cdas. de vino blanco
1 cda. de vinagre*

En una cazuela grande de barro, colocar el laurel, 3 dientes de ajo, las rodajas de papa y, por último, la pierna. Rociar con el aceite y sazonar con sal.

Precalentar el horno a 220°C (425°F). Introducir la cazuela y hornear por 1 hora. Cuando la carne esté dorada, voltear y dorar por el otro lado, durante 1 hora más.

Aparte, licuar 1 diente de ajo con la sal, perejil, 2 cdas. de aceite, el vino y el vinagre.

Verter el licuado sobre la carne y las papas. Hornear por 15 minutos más y retirar del horno.

PARA 6 PERSONAS

Nota: los tiempos de cocción son para una pierna de 3 lb. Si tiene un peso mayor, es necesario aumentar el tiempo de cocción.

Arroces

CONTIENE RECETAS PARA PREPARAR
PLATOS CON:

**Mariscos, carnes, vegetales
y nueces.**

Arroz con auyama

Acompañamiento

3 cdas. de mantequilla
3 cdas. de cebolla larga, finamente picada
1 lb de auyama, pelada, sin semillas
y cortada en cubos
sal, pimienta blanca y nuez moscada, al gusto
4 1/2 tazas de agua
2 1/2 tazas de arroz
4 cdas. de queso Parmesano rallado

En un recipiente, derretir la mantequilla y sofreír la cebolla sin dejar dorar. Incorporar la auyama y dejar dorar; revolver para que no se pegue. Salpimentar al gusto. Verter 1/2 taza de agua, incorporar la nuez moscada y dejar cocinar por 5 minutos; reservar.

En otro recipiente, hervir las 4 tazas de agua restantes con sal al gusto. Incorporar el arroz y la auyama con cebolla. Revolver y dejar cocinar hasta que el arroz se seque. Tapar, colocar el recipiente sobre una parrilla y cocinar a fuego bajo hasta que esté tierno. Espolvorear con el queso. Tapar y dejar reposar por unos minutos. Servir de inmediato.

Para 6 personas

Nota: la auyama de cáscara verde es la de mejor calidad.

Arroz cocido en olla de presión

Acompañamiento

4 cdas. de aceite
1 cebolla larga, cortada en trozos
2 dientes de ajo, pelados y triturados
3 tazas de agua
sal al gusto
2 tazas de arroz, lavado y escurrido

En una olla de presión, calentar el aceite y freír la cebolla y los ajos hasta que comiencen a dorar. Verter el agua y la sal; dejar hervir.

Incorporar el arroz, tapar y cocinar hasta que la olla pite. Continuar la cocción por 8 minutos. Destapar y cocinar a fuego bajo hasta que esté listo. Servir de inmediato.

Para 6 personas

Arroz con coco frito
(Titoté)

*Acompañamiento para mariscos
y pescados.*

1 coco mediano
agua, cantidad suficiente
1 lb de arroz
sal al gusto
2 cditas. de azúcar
cubos de mantequilla, al gusto

Perforar los ojos del coco y recoger el agua; reservar. Asar el coco, volteándolo varias veces. Cuando se rompa, separar la cáscara, pelar, partir la pulpa en trocitos y licuarla con el agua de coco reservada, hasta que esté finamente triturada.

Exprimir la pulpa licuada sobre un colador para extraer la primera leche. Reservarla en el recipiente donde se cocinará el arroz.

Para obtener una segunda leche, licuar de nuevo la pulpa con más agua fría (en clima frío usar agua caliente), hasta obtener 6 tazas de líquido.

Hervir la primera leche hasta que se convierta en aceite y el residuo se pegue al fondo del recipiente. Despegarlo raspando con cuchara de madera. Cuando este residuo, llamado *titoté*, esté dorado por todos lados, mezclar con la segunda leche y dejar hervir por unos minutos.

Incorporar el arroz, sal y azúcar. Dejar secar y luego tapar. Cocinar por 1/2 hora más a fuego bajo. Añadir la mantequilla; revolver con tenedor para que la cocción sea uniforme. Servir de inmediato.

PARA 6 PERSONAS

Arroz con champiñones

Acompañamiento

4 cdas. de aceite
1 cebolla larga cortada en trozos
6 tazas de agua hirviendo
sal al gusto
3 tazas de arroz, lavado y escurrido
2 cdas. de mantequilla
1 lb de champiñones frescos, bien lavados
y cortados en mitades si son pequeños,
o en tajadas si son grandes
jugo de 1 limón pequeño
4 cdas. de queso Parmesano rallado

Calentar el aceite en un recipiente a fuego alto, y sofreír la cebolla por 1/2 minuto. Revolver para impregnarla bien con el aceite. Verter el agua hirviendo, la sal y el arroz sobre la cebolla. Cocinar a fuego alto hasta que se seque. Tapar, colocar el recipiente sobre una parrilla y continuar la cocción a fuego bajo hasta que esté tierno.

Aparte, derretir la mantequilla en una sartén, incorporar los champiñones y el jugo de limón. Cocinar por un minuto y revolver con cuchara de madera. Mezclar los champiñones con el arroz, tapar y continuar la cocción por 5 minutos más. Servir caliente, espolvoreado con el queso.

PARA 6 PERSONAS

Arroz con camarones

Plato fuerte

8 tazas de agua fría
sal al gusto
1 pizca de azúcar
1 taza de arvejas frescas
1 cebolla larga, cortada en trozos
1 hoja de laurel
1/2 ramita de tomillo
1 tallo de perejil
1 lb de camarones pelados, desvenados, lavados
y escurridos (reservar las cabezas) • 4 cdas. de aceite
3 cdas. de cebolla blanca, finamente picada
2 dientes de ajo, triturados
1 pimiento rojo pequeño, sin semillas,
cortado en finas tiras
4 tomates pelados, cortados en cubos (ver pág. 7)
1 cdita. de paprika en polvo
1/2 cdita. de comino en polvo • 2 tazas de arroz,
lavado y escurrido
1 cda. de mantequilla

En un recipiente, hervir 2 tazas de agua con sal al gusto y la pizca de azúcar, a fuego alto. Incorporar las arvejas y cocinar a fuego medio hasta que estén tiernas. Escurrir y enjuagar con agua fría; reservar.

En otro recipiente, verter las 6 tazas restantes de agua fría y la cebolla larga con el laurel, tomillo, perejil y sal. Cuando comience a hervir incorporar los camarones. Cocinar por 5 minutos a fuego alto, retirar los camarones y las hierbas con una cuchara de madera. Descartar las hierbas. Agregar las cabezas de camarones reservadas al agua de cocción; licuar y colar.

En otro recipiente, calentar el aceite y agregar la cebolla blanca, ajo, pimiento, tomate, paprika y comino. Sofreír por 2 minutos y añadir el arroz. Mezclar con el líquido de cocción colado. Cuando el arroz se seque, agregar las arvejas y los camarones, tapar y continuar la cocción a fuego bajo, hasta que el arroz esté tierno. Antes de servir, revolver con la mantequilla.

PARA 6 PERSONAS

Arroz con chorizos

Plato fuerte

3 cdas. de manteca de cerdo o aceite
azafrán al gusto
6 chorizos sin tripa, picados
1 cebolla blanca, picada
2 tomates grandes pelados, sin semillas
y picados en cubos (ver pág. 7)
1 lata mediana de arvejas
10 ajíes dulces criollos, sin semillas
y cortados en tiras
sal al gusto
4 tazas de agua hirviendo
1 lb de arroz, lavado y escurrido

Derretir la manteca en un recipiente, a fuego alto. Mezclar con el azafrán e incorporar la carne de los chorizos, cebolla, tomate, arvejas, ajíes y sal.

Freír hasta que la cebolla esté cocida, sin dorar. Añadir el agua y el arroz, revolver y cocinar a fuego alto hasta que se seque.

Tapar, colocar el recipiente sobre una parrilla y continuar la cocción a fuego bajo hasta que el arroz esté tierno. Servir caliente.

PARA 6 PERSONAS

Nota: los ajíes criollos pueden remplazarse por 1 pimiento rojo pelado, sin semillas y cortado en tiras.

Arroz a la milanesa

Acompañamiento

2 cdas. de aceite
1 cebolla blanca, finamente picada
1/2 lb de arroz
2 tazas de agua hirviendo
sal al gusto
1/2 cdita. de azafrán disuelto en 2 cdas.
de agua caliente, colado
2 dientes de ajo, triturados
1 cebolla larga, cortada en 3 trozos
2 ramitas de perejil
1 cda. de mantequilla
2 cdas. de queso Parmesano rallado

Calentar el aceite en un recipiente a fuego alto, incorporar la cebolla blanca y sofreír por 1 minuto. Añadir el arroz, revolver y verter el agua, sal, azafrán, ajo, cebolla larga y perejil. Cocinar a fuego alto por 20 minutos. Descartar la cebolla larga y el perejil.

Colocar el arroz en una refractaria y hornear a 205°C (400°F) por 15 minutos. Retirar del horno, revolver con la mantequilla y espolvorear con el queso. Servir caliente.

PARA 6 PERSONAS

✿ Paella a la Valenciana

Plato fuerte

2 tazas escasas de aceite
1 pollo sin piel, cortado en 12 trozos • 1/2 lb de lomo de cerdo,
cortado en cubos • 1/2 lb de langostinos pequeños, pelados y desvena-
dos (reservar los caparazones y cabezas para el caldo)
2 cdas. de cebolla, finamente picada
1/4 lb de jamón serrano, cortado en cubitos
1 cda. de puré de tomate (ver pág. 133)
1 lb de arroz
1 diente de ajo triturado con azafrán al gusto,
diluido en 2 cdas. de agua fría
2 pimientos rojos grandes pelados, sin semillas
y cortados en tiras (ver pág. 7) • 1 taza de arvejas frescas (cocidas
en agua hirviendo con sal por 1/2 hora y luego enjuagadas con agua
bien fría) • 1 pargo pequeño, sin piel ni cabeza, cortado en trozos
pequeños (reservar la piel y la cabeza para el caldo) • sal al gusto

Caldo:

6 tazas de agua • 1 puerro, cortado en rodajas
1 zanahoria pequeña, cortada en rodajas
1 ramita de perejil • 1 tallo de apio, cortado en trozos
sal y pimienta, al gusto

Hervir en un recipiente todos los ingredientes del caldo (incluyendo las caparazones y cabezas de los langostinos y la piel y cabeza del pargo) a fuego alto por 1/2 hora. Colar y reservar bien caliente.

Calentar el aceite en una paellera o sartén grande. Incorporar los trozos de pollo y los cubos de lomo de cerdo. Freír hasta dorar. Añadir los langostinos y rehogar por 5 minutos más. Retirar las carnes y reservar.

En el mismo aceite, sofreír la cebolla con los cubos de jamón. Incorporar 1 cucharada de puré de tomate; revolver bien. Agregar el arroz y rehogar por unos segundos para que se impregne con el aceite. Verter el caldo hirviendo, el ajo triturado con el azafrán, los pimientos, los trozos de pollo, los cubos de cerdo reservados, las arve-

jas cocidas y los trozos de pargo. Rectificar la sazón y dejar hervir a fuego alto por 5 minutos. Retirar del fuego y hornear a 220°C (425°F) por 15 minutos. Mezclar todos los ingredientes e incorporar los langostinos reservados. Hornear por 5 minutos más, retirar, tapar la paellera o sartén y dejar reposar por unos minutos. Servir de inmediato.

PARA 6 PERSONAS

Nota: El secreto de una paella deliciosa está en no interrumpir la cocción; aliste los ingredientes antes de empezar a cocinar. En España el arroz se prefiere *al dente*. Para esto hervir a fuego alto por 2 minutos y luego hornear por 10. Mezclar todos los ingredientes, incorporar los langostinos, hornear por 5 minutos más y retirar del horno.

Granos
y legumbres

RECETAS PARA PREPARAR:

Fríjoles, lentejas
y garbanzos.

Ensalada de fríjoles blancos

2 tazas de fríjoles blancos
agua fría, cantidad suficiente
1 hoja de laurel
1 diente de ajo, picado
rodajas de tomates cortadas
en mitades, para decorar

Aderezo:

4 cdas. de aceite de oliva
3 cdas. de vinagre
sal y pimienta blanca, al gusto
1 cda. de cebolla blanca, finamente picada
1 diente de ajo, picado
1 ramita de perejil, finamente picada

Hervir los fríjoles cubiertos con agua, a fuego alto. Descartar el líquido. Cubrir de nuevo con agua, agregar el laurel, y 1 diente de ajo. Cocinar a fuego medio hasta que estén tiernos pero enteros. Enfriar y escurrir. Reservar 1 taza del líquido.

Aparte, mezclar el aceite con el vinagre, sal, pimienta y un poco del líquido de cocción reservado, utilizando un batidor. Incorporar la cebolla, el ajo y el perejil.

Disponer los fríjoles escurridos en una ensaladera y mezclar con el aderezo. Decorar con medias rodajas de tomate, si lo desea.

PARA 6 PERSONAS

Caraotas

Acompañamiento para arroz blanco

1 lb de caraotas lavadas, remojadas
desde la víspera en 9 tazas de agua con
1 pimiento verde picado
2 cdas. de aceite
2 cebollas blancas, picadas
1 pimiento verde, sin semillas
y picado (ver pág. 7)
6 dientes de ajo, picados y luego triturados
sal y pimienta, al gusto
1/2 taza de aceite de oliva

Cocinar las caraotas en el agua de remojo, a fuego alto hasta que estén blandas (aproximadamente 1 hora).

Aparte, calentar las 2 cucharadas de aceite a fuego alto y sofreír la cebolla, el pimiento y los ajos.

Retirar 1 taza de caraotas, picarlas y mezclarlas con la cebolla, pimiento y ajos. Salpimentar.

Mezclar esta salsa con las caraotas restantes y cocinar a fuego bajo por 1 hora, hasta reducir el líquido. Antes de servir, añadir el aceite de oliva.

PARA 10 PERSONAS

Ensalada de garbanzos

Acompañamiento
para todas las carnes

1 lb de garbanzos lavados y escogidos,
remojados desde la víspera en agua tibia
con 1/2 cdita. de sal
1 cda. de aceite
6 tajadas de tocineta, cortada en trocitos
2 cdas. de perejil, finamente picado
3 huevos duros, picados

Aderezo:

1 cebolla blanca pequeña, finamente picada
3 dientes de ajo, finamente picados
5 cdas. de aceite de oliva
3 cdas. de jugo de limón
orégano en polvo, sal y pimienta
blanca, al gusto

Cubrir los garbanzos con el agua de remojo. Tapar y cocinar a fuego alto por 30 minutos. Verificar si están cocidos (deben quedar algo duros). Dejar enfriar en el líquido y luego escurrir. Reservar 1/2 taza del líquido para el aderezo.

Aparte, calentar la cucharada de aceite a fuego alto y dorar la tocineta. Retirar y escurrir sobre toallas de papel. Reservar.

Mezclar todos los ingredientes del aderezo con la 1/2 taza del líquido de cocción reservado, batiendo bien.

Disponer los garbanzos escurridos y la tocineta en una ensaladera y mezclar con el aderezo. Salpicar con perejil y huevo duro. Servir.

Para 6 personas

Fríjoles al caserío

Acompañamiento para arroz

1 lb de fríjoles blancos
agua fría, cantidad suficiente
3 cdas. de aceite
1/4 lb de tocino entreverado, cortado en trocitos
1 cebolla blanca, picada
2 dientes de ajo, picados
1 pimiento rojo, sin semillas
y cortado en cubitos
sal y pimienta blanca, al gusto
1 cda. de perejil, picado

Cocinar los fríjoles cubiertos con agua fría, a fuego alto, hasta que hiervan. Descartar el agua. Cubrir de nuevo con agua y cocinar a fuego medio hasta que estén tiernos pero enteros.

Aparte, calentar el aceite a fuego alto y dorar el tocino con la cebolla y el ajo. Incorporar el pimiento y dejar cocinar hasta que esté tierno; verter sobre los fríjoles. Salpimentar.

Retirar 9 cucharadas de fríjoles y pasarlos a través de un colador, presionándolos con una cuchara de madera. Incorporar al recipiente de nuevo.

Salpicar con perejil y continuar la cocción a fuego bajo por 10 minutos más. Servir de inmediato.

Para 6 personas

Fríjoles al estilo americano

Acompañamiento
para arroz o carnes

1 lb de fríjoles rojos, lavados y remojados
desde la víspera en 9 tazas de agua
con 2 cebollas rojas picadas
3 cdas. de manteca de cerdo
sal al gusto

Retirar del agua de remojo los fríjoles que floten, porque están en mal estado.

En una olla de presión, cocinar los fríjoles en el agua de remojo, a fuego medio por 15 minutos, contados desde que la olla comience a pitar. Destapar e incorporar 1 1/2 cucharadas de manteca de cerdo. Revolver, tapar y cocinar por 30 minutos más, contados desde que la olla comienza a pitar. Destapar, sazonar con sal y dejar al fuego hasta que los fríjoles estén tiernos.

Retirar 4 cucharadas de fríjoles y presionarlos con cuchara de madera a través de un colador. Freír la pasta resultante en 1 1/2 cucharadas de manteca de cerdo, bien caliente. Incorporar al recipiente con los fríjoles, revolver y dejar hervir hasta espesar. Servir muy calientes.

PARA 6 PERSONAS

Guiso de fríjoles verdes
(Porotos a la chilena)

Entrada

4 tazas de fríjoles verdes desgranados
1 taza de maíz
9 tazas de agua
1/4 lb de tocino, cortado en cubitos
1 cebolla blanca grande, finamente picada
2 dientes de ajo, picados
5 tomates pequeños, pelados
y cortados en cubos (ver pág. 7)
sal y pimienta, al gusto
chile picante, sin semillas y cortado en trocitos,
al gusto (ver pág. 7)
2 tazas de cubos de auyama

En una olla de presión, cocinar los fríjoles con el maíz y el agua, a fuego medio por 25 minutos, contados desde que la olla comience a pitar.

Freír el tocino a fuego alto hasta convertirlo en chicharrones. Añadir la cebolla, el ajo y los tomates. Salpimentar y agregar el chile. Reservar.

Incorporar la salsa a la olla de presión y añadir los cubos de auyama. Dejar cocinar por 15 minutos. Distribuir en cazuelas de barro individuales y hornear a 235°C (450°F) por 3 minutos.

Servir de inmediato en las cazuelas.

PARA 6 PERSONAS

Lentejas a la burgalesa

Acompañamiento para arroz

1 lb de lentejas escogidas y lavadas
agua fría, cantidad suficiente
3 cdas. de manteca de cerdo
cubitos de pan, al gusto
1/4 lb de jamón, cortado en cubos
o 2 chorizos, cortados en rodajas
1 cda. de jugo de limón
nuez moscada rallada
sal y pimienta, al gusto
1 huevo duro, picado

Cocinar las lentejas apenas cubiertas con agua, a fuego alto hasta que estén tiernas (cuidar que no se deshagan). Añadir agua poco a poco, si fuera necesario (no deben quedar con mucho caldo). Reservar.

Aparte, en una sartén, calentar la manteca de cerdo y freír los cubitos de pan. Retirarlos y freír el jamón o los chorizos. Incorporar a las lentejas con el jugo de limón, nuez moscada, sal y pimienta. Revolver.

Para servir, colocar las lentejas en una bandeja. Cubrir con huevo duro picado y decorar alrededor con los cubitos de pan.

PARA 6 PERSONAS

Lentejas madrileñas

Plato fuerte

1 lb de lentejas, escogidas y lavadas
agua, cantidad necesaria
1 zanahoria grande
1 cebolla larga
2 tallos de apio
2 hojas de laurel
2 ramitas de perejil
3 cdas. de aceite
2 dientes de ajo, picados
2 cdas. de cebolla blanca, picada
1 cdita. de paprika en polvo
1 cdita. de harina de trigo
sal al gusto

Medir las lentejas por tazas y colocarlas en un recipiente con el doble de tazas de agua. Incorporar la zanahoria, cebolla larga, apio, laurel y perejil. Tapar y hervir a fuego alto.

Cuando rompa el hervor, continuar la cocción a fuego medio por 25 minutos. Verificar si las lentejas están cocidas (deben quedar tiernas).

Aparte, calentar el aceite a fuego alto en una sartén y sofreír el ajo y la cebolla blanca por 2 minutos. Revolver con la paprika, la harina y la sal. Verter sobre las lentejas y dejar cocinar por 10 minutos más.

Servir caliente.

PARA 6 PERSONAS

Potaje de garbanzos y espinacas

Plato fuerte

1 lb de garbanzos, remojados en agua desde la víspera
agua tibia, cantidad suficiente • agua fría, cantidad suficiente
1/2 lb de tocino, cortado en cubos grandes
1 hoja de laurel • agua hirviendo, cantidad suficiente
1/2 atado de espinaca lavada, secada con una tela
y cortada en tiras • 1/2 taza de aceite
1 cda. de miga de pan • 2 cebollas blancas, finamente picadas
azafrán o achiote, al gusto
2 dientes de ajo, picados • 1 ramita de perejil, picada
sal y pimienta, al gusto
3/4 taza de arroz • 2 tomates medianos, cortados
en finas rodajas

Escurrir los garbanzos y lavarlos con agua tibia. Verter abundante agua fría en un recipiente grande y dejar hervir a fuego alto. Incorporar el tocino con el laurel y los garbanzos. Cocinar a fuego medio hasta que los garbanzos estén tiernos. Retirar los cubos de tocino y reservar. Calcular cuánto caldo hay en el recipiente; deben resultar 3 tazas (si no alcanza agregar agua hirviendo hasta completar). Reservar.

Aparte, cocinar las espinacas con el agua que quedó en las hojas al lavarlas y un poco de sal. Cuando hiervan, escurrir y sumergir en agua muy fría para que conserven el color. Reservar.

En una sartén, calentar el aceite y freír la miga de pan con la cebolla, azafrán, ajos y perejil. Pasar a un mortero y triturar hasta obtener una pasta. Diluirla con 2 cucharadas del caldo de los garbanzos y luego incorporarla a éstos. Salpimentar. Cocinar por 5 minutos. Agregar el arroz y continuar la cocción por otros 15 minutos.

En una cazuela de barro o refractaria, disponer los garbanzos y las espinacas (deben quedar jugosos). Mezclar bien. Cubrir la superficie con las rodajas de tomate y los cubos de tocino.

Hornear a 220°C (425°F) por 10 minutos. Servir de inmediato, en la cazuela.

PARA 6 PERSONAS

❉ Cassoulet

Plato fuerte

1 lb de fríjoles blancos • agua fría, cantidad necesaria
1 cebolla con 2 clavos de olor incrustados
1 zanahoria • 1 ramillete de hierbas compuesto de: perejil,
laurel, tomillo y orégano, atados
1 diente de ajo • 1 cda. de puré de tomate (ver pág. 133)
1/2 lb de garra de tocino raspada, lavada y cortada
en tiras • sal al gusto

Salsa:

6 cdas. de manteca de cerdo • 1 lb de espaldilla
de cordero deshuesada • 1/2 lb de lomo de cerdo
1 lb de pato (preferentemente muslos)
2 cebollas blancas pequeñas, cortadas en tiras
2 zanahorias medianas, cortadas en tiras
1 diente de ajo, picado
1 ramillete de hierbas compuesto de: perejil, laurel,
tomillo y orégano, atados • 1 cda. de puré
de tomate • 1 cda. de harina de trigo • 1 taza de vino blanco
seco • sal y pimienta, al gusto • 1 seso de cordero,
limpio y cortado en trocitos
1/2 lb de salchichón, cortado en rodajas
2 cdas. de pan rallado

Para cocinar los fríjoles, cubrirlos con agua fría, dejar hervir y escurrir. Cubrirlos de nuevo con agua y añadir la cebolla, zanahoria, ramillete de hierbas, ajo, puré de tomate y garra de tocino. Sazonar con sal. Cocinar a fuego alto hasta que hierva. Continuar la cocción a fuego medio hasta que los fríjoles estén tiernos. Escurrir y reservar. Descartar el caldo y todas las verduras.

Para preparar la salsa, calentar la manteca y dorar la espaldilla de cordero, el lomo de cerdo y el pato. Retirar las carnes, cortarlas en tajadas (una por cada comensal); reservar.

En la misma manteca, sofreír las cebollas con las zanahorias y ajo. Incorporar el ramillete de hierbas y el puré de tomate. Dejar cocinar a fuego alto y luego agregar la harina, revolver y añadir el vino. Salpimentar, tapar y continuar la cocción a fuego medio hasta que todo esté muy tierno. Colar la salsa y reservar.

Colocar los fríjoles escurridos en una cazuela de barro o refractaria. Cubrir con las tajadas de carne; reservar.

Aparte, cocinar el seso de cordero en la salsa colada, por 10 minutos a fuego alto. Verter en la cazuela o refractaria.

Decorar con las rodajas de salchichón, espolvorear con el pan rallado y hornear a 220°C (425°F), hasta dorar la superficie. Servir de inmediato.

PARA 6 PERSONAS

Pastas

RECETAS PARA PREPARAR PLATOS CON:

Mariscos, carnes y vegetales.

Canelones rellenos
con foie gras y espinaca

Plato fuerte

24 cuadrados de pasta para canelones
agua hirviendo, cantidad suficiente
sal al gusto
1 cda. de aceite
agua fría, cantidad suficiente
1¹/2 tazas de salsa Mornay (ver pág. 149)
1 taza de queso Parmesano rallado
2 cdas. de mantequilla

Relleno:

150 g de espinaca sin tallos, lavada y picada
sal al gusto
2 cdas. de mantequilla
1 cebolla blanca pequeña, finamente picada
1 diente de ajo, finamente picado
1¹/2 tazas de harina de trigo
¹/2 lb de foie gras
¹/2 taza de caldo de ternera (ver pág. 15)
pimienta y nuez moscada, al gusto

Cocinar la pasta por 15 minutos a fuego alto, en abundante agua hirviendo con sal y aceite (introducir un cuadrado a la vez, para que no se peguen). Escurrir y remojar en agua fría, por unos minutos.

Para preparar el relleno, primero cocinar las espinacas rociadas con sal, sin agregar agua (la que conservan las hojas lavadas es suficiente). Dejar hervir y enseguida pasarlas por agua muy fría para que conserven su color. Escurrir y reservar.

Aparte, calentar la mantequilla en una sartén grande y sofreír la cebolla y el ajo sin dejar dorar. Mezclar con la harina, agregar el *foie gras*, las espinacas reservadas y el caldo de ternera. Revolver y sazonar con sal, pimienta y nuez moscada. Cocinar por 2 minutos. Retirar del fuego y enfriar. Reservar.

Para preparar los canelones, cubrir cada cuadrado de pasta con 1 cucharada de relleno y enrollar. Colocar los canelones en una refractaria previamente engrasada con 1 cucharada de mantequilla. Cubrirlos con la salsa Mornay, espolvorear con queso y agregar trocitos de la mantequilla restante. Hornear a 235°C (450°F) por 5 minutos, para gratinar. Servir de inmediato.

PARA 6 PERSONAS

Canelones rellenos con ternera

Plato fuerte

24 cuadrados de pasta para canelones
agua hirviendo, cantidad suficiente
sal al gusto
1 cda. de aceite
agua fría, cantidad suficiente
2 cdas. de mantequilla
1 1/2 tazas de salsa Mornay (ver pág. 149)
1 taza de queso Parmesano rallado

Relleno:

2 cdas. de mantequilla
1 chalote (o cebolla roja), finamente picado
3/4 lb de carne molida de ternera
1 copa de Jerez
sal, pimienta y nuez moscada, al gusto
3 cdas. de pan rallado
1 huevo batido
2 cdas. de queso Parmesano rallado

Cocinar la pasta como se indica en la receta anterior. Para preparar el relleno, dorar el chalote en la mantequilla. Mezclar con la carne, el Jerez, sal, pimienta y nuez moscada. Cocinar a fuego medio hasta reducir el Jerez. Salpicar con pan rallado y revolver con el huevo. Cocinar hasta que esté ligado y mezclar con el queso. Retirar del fuego, dejar enfriar y reservar.

Cubrir cada cuadrado de pasta con 1 cucharada de relleno y enrollar. Colocar los canelones en una refractaria previamente engrasada con 1 cucharada de mantequilla. Cubrirlos con la salsa Mornay, espolvorear con queso y agregar trocitos de la mantequilla restante. Hornear a 235°C (450°F) por 5 minutos, para gratinar. Servir de inmediato.

PARA 6 PERSONAS

Ensalada vistosa

Acompañamiento para carnes

1 lb de pasta de colores (tornillos)
agua hirviendo, cantidad suficiente
sal al gusto
1 cda. de aceite
agua fría, cantidad suficiente
2 tomates grandes, cortados en cubos
(ver pág. 7)
1/2 lb de aceitunas negras, deshuesadas
1 pimiento rojo grande, sin semillas
y cortado en tiras finas
2 cdas. de albahaca, finamente picada
3 cdas. de aceite de oliva
jugo de 1/2 limón
sal al gusto

Cocinar la pasta a fuego alto, en abundante agua hirviendo con sal y aceite, hasta que esté *al dente*. Escurrir y enjuagar con agua helada por unos minutos, hasta que esté fría.

En una ensaladera, mezclar la pasta con los tomates, aceitunas, pimiento y albahaca. Rociar con el aceite y el jugo de limón. Sazonar con sal y mezclar bien. Servir de inmediato.

PARA 6 PERSONAS

Espaguetis con tocino

Plato fuerte

1 1/2 lb de espaguetis
agua hirviendo, cantidad suficiente
sal al gusto
1 cda. de aceite
1/2 taza de agua fría
6 cdas. de queso Parmesano rallado

Salsa:

2 cdas. de aceite
1 chalote (o cebolla roja), finamente picado
1/4 lb de tocino, finamente picado
1 diente de ajo, finamente picado
1 1/2 lb de tomate maduro, pelado
y cortado en cubos (ver pág. 7)
sal y pimienta, al gusto

Cocinar la pasta a fuego alto, en abundante agua hirviendo con sal y aceite, hasta que esté al dente. Escurrir y rociar con 1/2 taza de agua fría para detener la cocción. Escurrir de nuevo y reservar.

Para preparar la salsa, calentar el aceite y freír el chalote, tocino y ajo, hasta dorar ligeramente. Incorporar el tomate y salpimentar.

Cocinar a fuego bajo por 20 minutos. Revolver de vez en cuando, con cuchara de madera, para que no se pegue.

Para servir, rociar la pasta con 1 taza de agua hirviendo con sal. Escurrir y distribuir en 6 platos hondos. Cubrir con la salsa y servir de inmediato, con el queso en un recipiente aparte.

Para 6 personas

Fideos con almejas

Plato fuerte

3 cdas. de aceite
1 cebolla blanca mediana, finamente picada
3/4 lb de tomate, pelado y picado (ver pág. 7)
1/2 cdita. de pimiento picado
1 lb de papa pelada, lavada y cortada en cubitos
1 diente de ajo y 1 ramita de perejil, triturados
en mortero con 1 cda. de agua
1 lb de almejas sin conchas, lavadas
y remojadas en agua fría salada
agua caliente, cantidad necesaria
sal al gusto
1/2 lb de fideos finos partidos (cabellos de ángel)

En una sartén, calentar el aceite y dorar ligeramente la cebolla. Agregar el tomate y pimiento. Cocinar por 8 minutos. Pasar a un recipiente grande y añadir las papas, ajo con perejil y almejas. Rehogar por 2 minutos y cubrir con agua caliente. Sazonar con sal y cocinar a fuego bajo por 30 minutos.

Cuando las papas estén casi cocidas, añadir los fideos y continuar la cocción por 6 minutos más, a fuego bajo para que quede jugoso. Servir de inmediato.

Para 6 personas

Linguine a la soltería

Plato fuerte

1 lb de linguine
5 tazas de agua hirviendo
sal al gusto
1 cda. de aceite
1 taza de queso Parmesano rallado

Salsa:

1 cda. de aceite de oliva
4 cdas. de mantequilla
1 lata de pasta de tomate
4 tazas de agua
1/2 cebolla blanca mediana, rallada
2 dientes de ajo, triturados
1 ramita de tomillo fresco, finamente picado

Cocinar la pasta en el agua hirviendo con sal y aceite. Hervir por 12 minutos y escurrir. Reservar caliente.

Aparte, calentar el aceite de oliva con la mantequilla, agregar la pasta de tomate, agua, cebolla, ajos y tomillo. Cocinar a fuego bajo por 30 minutos. Colar y reservar caliente. Colocar la pasta en una fuente honda precalentada, rociar con la salsa y el queso. Servir de inmediato.

PARA 6 PERSONAS

Fettucini Alfredo

Plato fuerte

600 g de fettucini
agua hirviendo, cantidad suficiente
sal al gusto
1 cda. de aceite

Salsa:

24 cdas. de crema de leche ligera
6 cdas. de mantequilla
12 cditas. de queso Parmesano rallado

Cocinar la pasta en abundante agua hirviendo con sal y aceite, a fuego alto, hasta que esté *al dente*. Escurrir y reservar caliente.

Aparte, hervir la crema de leche hasta que esté amarillenta. Retirar del fuego. Mezclar con la mantequilla y el queso. Colocar la pasta en una bandeja precalentada; rociar con la salsa caliente y servir de inmediato.

PARA 6 PERSONAS

Tallarines al pesto

Plato fuerte

1¹/₂ lb de tallarines
agua hirviendo, cantidad suficiente
sal al gusto
1 cda. de aceite
3 cdas. de mantequilla
3 cdas. de queso Parmesano rallado

Pesto:

2 cdas. de aceite de oliva
1/2 taza de perejil, finamente picado
1 diente grande de ajo, picado
1 taza de hojas de albahaca, finamente picadas
3 cdas. de queso Parmesano rallado

Cocinar la pasta en abundante agua hirviendo con sal y aceite, a fuego alto por 20 minutos. Escurrir (reservar 3 cucharadas del agua). Enjuagar con agua fría para detener la cocción y colocar en un recipiente. Reservar caliente.

Para preparar el pesto, licuar aparte las 3 cucharadas de agua de cocción reservada con el aceite de oliva, perejil, ajo y albahaca. Dejar entibiar y mezclar con el queso rallado. Reservar.

Mezclar los tallarines con la mantequilla; revolver con tenedor hasta derretirla, añadir el pesto, revolver y calentar al baño maría.

Pasar la pasta a una bandeja precalentada. Rociar con queso y servir de inmediato.

PARA 6 PERSONAS

Nota: el pesto puede prepararse en más cantidad y refrigerar en frasco de vidrio. Se conserva por algún tiempo. Además de utilizarlo con pasta, sirve para sazonar sopas de fideos.

Tallarines verdes con jamón

Plato fuerte

1¹/₂ lb de tallarines verdes
12 tazas de agua hirviendo
sal al gusto
1 cda. de aceite

Salsa:

3 cdas. de mantequilla
5 dientes de ajo, finamente picados
1/4 lb de jamón York o serrano, cortado en cubos
2 tazas de leche
5 cdas. de queso Parmesano rallado
sal, pimienta y nuez moscada, al gusto
2 tazas de crema de leche

Cocinar la pasta en agua hirviendo con sal y aceite, a fuego alto por 20 minutos. Escurrir y enjuagar con agua fría. Reservar.

Para preparar la salsa, calentar la mantequilla y freír los ajos y el jamón hasta dorar. Mezclar con la leche y el queso. Cocinar hasta que espese ligeramente. Sazonar con sal, pimienta y nuez moscada. Añadir la crema de leche.

Incorporar la pasta a la salsa. Revolver y mantener a fuego bajo hasta el momento de servir.

PARA 6 PERSONAS

❄ Lasaña

Plato fuerte

Ver fotografía en la página 59.

1¹/₂ lb de pasta para lasaña • agua hirviendo, cantidad suficiente
1 cda. de sal • 1 cda. de aceite
¹/₂ lb de queso Parmesano rallado • 1 cda. de mantequilla
1 taza de crema de leche ligera

Relleno:

2 cdas. de aceite • ¹/₂ lb de jamón York o serrano, molido
³/₄ lb de carne molida de ternera • 1 vaso de vino blanco seco
2 zanahorias medianas, ralladas • 2 cebollas medianas, ralladas
1 tallo de apio, sin hebras y finamente picado (ver pág. 7)
4 cdas. de pasta o puré de tomate (ver pág. 133)
1 hoja de laurel, triturada • 1 diente grande de ajo, triturado
1 ramita de tomillo, picada • 1 ramita de perejil, picada
1 cda. de harina de trigo • 2 cdas. de queso Parmesano rallado
sal y pimienta blanca, al gusto

Primero, preparar el relleno: calentar el aceite y sofreír el jamón y la carne de ternera. Añadir el vino y dejarlo reducir. Incorporar las zanahorias, cebollas y apio. Dejar rehogar por unos minutos a fuego alto. Agregar la pasta de tomate, laurel, ajo, tomillo y perejil. Sazonar con sal y pimienta. Dejar cocinar a fuego bajo por 10 minutos y espesar con la harina de trigo. Continuar la cocción a fuego bajo por 1 hora (debe resultar una pasta espesa). Rectificar la sazón. Retirar del fuego y añadir las 2 cucharadas de queso. Reservar.

Aparte, cocinar la pasta a fuego alto por 10 minutos, en abundante agua con sal y aceite (introducir un cuadrado a la vez, para que no se peguen). Retirar y escurrir. Sobre una tabla, espolvorear queso Parmesano y colocar cada cuadrado de pasta encima. Rociar con más queso. Superponer los cuadrados restantes de pasta, rociando cada uno con queso.

Cubrir el fondo de una refractaria previamente engrasada con mantequilla, con una capa de pasta. Disponer encima el relleno y seguir formando capas hasta terminar con una de pasta. Rociar con crema de leche y espolvorear con queso. Hornear a 220°C (425°F) por 20 minutos. Servir de inmediato.

*P*ARA *6* PERSONAS

Nota: si añade vino, agua, o tomates picados al relleno, obtiene salsa Bolognesa.

Vegetales

RECETAS PARA PREPARAR VEGETALES:

Estofados, salteados, fritos, gratinados, glaseados, rellenos o al horno.

Guacamole

3 aguacates, pelados y deshuesados
(reservar el hueso)
4 tomates medianos, pelados
y cortados en cubitos (ver pág. 7)
15 chiles verdes, sin semillas
y finamente picados
2 cebollas blancas medianas,
finamente picadas
1 ramillete de cilantro, finamente picado
1 cda. de aceite de oliva
1/2 cdita. de orégano
1/2 cdita. de jugo de limón
sal al gusto

Triturar la pulpa del aguacate con los tomates, chiles, cebollas y cilantro. Añadir el aceite, orégano, jugo de limón y sal. Dejar reposar por 10 minutos. Colocar el hueso dentro del guacamole para que no se oscurezca.

Servir con carne, chicharrones o tortillas mexicanas calientes.

PARA 6 PERSONAS

Ensalada de pimientos

Acompañamiento para todas
las carnes y aves.

6 pimientos (rojos y verdes) pelados, sin
semillas y cortados en tiras (ver pág. 7)
1/2 taza de salsa vinagreta (ver pág. 150)
aceitunas verdes deshuesadas, al gusto

Colocar las tiras de pimiento en un recipiente o ensaladera de vidrio. Mezclar con la vinagreta y decorar con aceitunas; servir.

PARA 6 PERSONAS

Apio gratinado

Acompañamiento para todas
las carnes y pescados.

1 planta grande de apio, partida en trozos
agua hirviendo, cantidad suficiente
sal, pimienta y nuez moscada, al gusto
pulpa de 1/2 limón
1 1/2 cdas. de mantequilla
2 cdas. de harina de trigo
1 taza de leche hirviendo
1 envase pequeño de crema de leche
3 cdas. de queso Parmesano rallado

Cocinar los trozos de apio en el agua hirviendo con sal y pulpa de limón, a fuego alto por 1/2 hora. Escurrir. Reservar 1 taza del líquido de cocción. Refrescar el apio con agua muy fría.

Aparte, derretir la mantequilla, revolver con la harina y cocinar por 1 minuto a fuego bajo. Batir con el líquido de cocción reservado y la leche, hasta obtener una salsa suave. Cocinar por 10 minutos más; sazonar con sal, pimienta y nuez moscada. Retirar, agregar la crema de leche, colar y reservar.

Colocar los trozos de apio en una refractaria, cubrir con la salsa, espolvorear con queso y hornear a 220°C (425°F) por 10 minutos, hasta dorar y espesar ligeramente. Servir de inmediato.

PARA 6 PERSONAS

Apio a la aragonesa

Acompañamiento para todas
las carnes y pescados

1 planta grande de apio, partido
en trozos de 2 cm
agua hirviendo, cantidad suficiente
sal, pimienta y nuez moscada, al gusto
pulpa de 1/2 limón
1/2 taza de aceite
2 cdas. de harina de trigo
2 tazas de leche hirviendo
cubos de pan de molde, fritos
en mantequilla (croûtons)
1 diente grande de ajo
1 cdita. de azúcar disuelta
en 3 cdas. de agua fría

Cocinar los trozos de apio en el agua hirviendo
con sal y pulpa de limón, a fuego alto por 1/2 hora.
Escurrir. Reservar 1 taza del líquido de cocción.
Refrescar el apio con agua muy fría.

Aparte, calentar el aceite, revolver con la harina, batir con el líquido de cocción reservado y la
leche, hasta obtener una salsa suave y no muy
espesa. Sazonar con sal, pimienta y nuez moscada. Reservar.

En una cazuela de barro, colocar los trozos de
apio y verter encima la salsa. Triturar los cubos
de pan con el ajo y el azúcar. Distribuir la mezcla
sobre la salsa. Cocinar a fuego alto por 10 minutos. Servir de inmediato.

PARA 6 PERSONAS

Ensalada de apio y manzana

Acompañamiento para carne
de cerdo

1 planta grande de apio, partido en trozos
de 3 cm y luego en tiras finas
2 manzanas verdes grandes, peladas
y cortadas en tiras finas
1 huevo duro, picado

Aderezo:

1/2 taza de aceite de oliva
2 cdas. de vinagre
mostaza al gusto
sal y pimienta, al gusto

Llenar un recipiente grande con agua fría y remojar las tiras de apio por 1/2 hora. Escurrir.

Colocar el apio en una ensaladera. Agregar las
tiras de manzana.

Aparte, mezclar los ingredientes del aderezo y
verter sobre la ensalada. Revolver. Salpicar con
el huevo picado y servir.

PARA 6 PERSONAS

Arvejas con atún

*Acompañamiento para arroz
o papas*

3 cdas. de mantequilla
2 cdas. de harina de trigo
1 taza de agua hirviendo
1 cdita. de cebolla blanca rallada
1 copa de vino blanco seco
1 lata de arvejas
1 pizca de azúcar y pimienta, o al gusto
3 latas de atún en aceite (lomito), separado
en trozos grandes (reservar el aceite)

Derretir la mantequilla, mezclar con la harina y dorar a fuego alto. Incorporar el agua, cebolla y vino. Batir vigorosamente hasta que esté sin grumos. Añadir las arvejas, azúcar y pimienta. Cocinar a fuego alto por 2 minutos. Agregar el atún y el aceite. Cocinar a fuego alto por 2 minutos.

Servir muy caliente.

Para 6 personas

Arvejas a la inglesa

*Acompañamiento para todas
las carnes*

3 lb de arvejas frescas, desgranadas
agua hirviendo, cantidad suficiente
sal al gusto
$1/4$ lb de mantequilla

Cocinar las arvejas en agua con sal, a fuego bajo por $1/2$ hora. Escurrir. Colocar las arvejas en un recipiente precalentado y distribuir encima la mantequilla. Mezclar para que se impregnen bien y servir de inmediato.

Para 6 personas

Arvejas a la francesa

*Acompañamiento para todas
las carnes*

3 lb de arvejas frescas, desgranadas
5 cdas. de mantequilla
$1/2$ lb de cebollitas blancas, peladas
1 ramillete de hierbas compuesto de: 3 ramas
de perejil, 1 hoja de laurel, 1 rama de tomillo
y $1/2$ cebolla larga, atados
1 lechuga, cortada en tiras finas
sal, pimienta y azúcar, al gusto
6 tazas de agua hirviendo, con sal
y 1 pizca de azúcar
1 cda. de harina de trigo

Colocar las arvejas en un recipiente. Agregar 4 cucharadas de mantequilla, las cebollitas, el ramillete de hierbas y la lechuga. Salpimentar y añadir 1 pizca de azúcar. Revolver bien para que la mantequilla cubra todos los ingredientes. Dejar reposar en sitio fresco por 1 hora.

Incorporar el agua a la preparación anterior y cocinar a fuego bajo por $1/2$ hora.

Aparte, mezclar la harina con la cucharada restante de mantequilla hasta obtener una pasta suave. Añadirla al recipiente, mezclar con un tenedor y rectificar la sazón. Cocinar a fuego bajo por 10 minutos. Servir de inmediato.

Para 6 personas

Arvejas con jamón serrano

Entrada o acompañamiento
para arroz o papas

4 cdas. de aceite
1 cebolla blanca picada
1 zanahoria picada
$^1/_4$ lb de jamón serrano, cortado en trocitos
sal al gusto
2 lb de arvejas frescas desgranadas
3 tajadas de pan de molde, cortadas
en triángulos y fritos en mantequilla

Calentar el aceite en un recipiente, a fuego alto. Freír la cebolla y la zanahoria hasta dorar. Añadir el jamón y rehogar por 2 minutos. Sazonar con sal e incorporar las arvejas.

Tapar bien ajustado y cocinar a fuego bajo por 45 minutos. Revolver de vez en cuando.

Colocar la tapa sin ajustar, para que el vapor caiga sobre las arvejas. Cuando estén tiernas, servir en una bandeja sobre los triángulos de pan frito.

Para 6 personas

Arvejas estofadas

Acompañamiento para todas las carnes

3 lb de arvejas frescas, desgranadas
1 corazón de lechuga, cortado en tiras finas
2 cdas. de mantequilla
sal al gusto
2 tazas de agua hirviendo, con sal
y 1 pizca de azúcar
$^1/_2$ taza escasa de harina de trigo

En un recipiente, mezclar a mano las arvejas con la lechuga y 1 cucharada de mantequilla.

Sazonar con sal y mezclar con el agua hirviendo. Tapar y cocinar a fuego medio hasta que estén tiernas.

Aparte, con un tenedor, mezclar la harina con la mantequilla restante, hasta obtener una pasta suave. Incorporar al recipiente, revolver y continuar la cocción por 5 minutos más.

Rectificar la sazón y servir de inmediato.

Para 6 personas

Berenjenas salteadas

Acompañamiento para todas las carnes

1 taza de aceite
2 lb de berenjenas, peladas y cortadas en cubos
1 cdita. de ajo picado
2 cditas. de perejil picado
2 cdas. de pan rallado
sal al gusto

Calentar bien el aceite y sofreír los cubos de berenjena a fuego alto, por 10 minutos. Revolver con frecuencia para que no se doren. Retirar el aceite (puede volver a usarse para otra fritura). Salpicar la berenjena con el ajo, perejil y pan rallado. Sazonar con sal. Continuar la cocción por 1 minuto, sin dejar de revolver. Servir de inmediato.

PARA 6 PERSONAS

Cebollas glaseadas

Acompañamiento para guisos y asados

1 lb de cebolla blanca pequeña, pelada
agua hirviendo, cantidad necesaria
sal y pimienta blanca, al gusto
2 pizcas de azúcar
4 cdas. de mantequilla

Colocar las cebollas en un recipiente y cubrirlas con agua hirviendo. Sazonar con sal, pimienta y azúcar. Incorporar la mantequilla. Tapar.

Colocar el recipiente en horno a 235°C (450°F) y dejar cocinar hasta que el líquido se evapore. Servir de inmediato.

PARA 6 PERSONAS

Berenjenas fritas

***Aperitivo o acompañamiento
para guisos de carne o pollo***

6 berenjenas medianas, peladas
y cortadas en finas rodajas
1/4 lb de queso Gruyère, cortado en tajadas
del mismo tamaño que las rodajas de berenjena
1/2 taza de harina de trigo
3 huevos batidos
sal al gusto
1/2 taza de pan rallado
1 taza de aceite

Secar las rodajas de berenjena con una tela. Colocar sobre cada una la tajada de queso y cubrir con otra rodaja de berenjena. Presionar para que queden bien unidas. Rebozar primero en la harina, luego en el huevo batido con sal y por último, en el pan rallado.

Calentar bien el aceite a fuego alto y dorar los emparedados de berenjena por tandas, sin encimarlos. Voltear y dorar por el otro lado. Retirar y escurrir sobre toallas de papel. Deben servirse bien calientes porque el queso se endurece al enfriar.

PARA 6 PERSONAS

Torta de berenjenas

Entrada o acompañamiento
para todas las carnes

3 berenjenas grandes, peladas
y cortadas en cubos
agua hirviendo con sal, cantidad suficiente
1/2 lb de mantequilla a temperatura ambiente
1/2 lb de queso Mozzarella
5 huevos
harina de trigo para la refractaria

Cocinar las berenjenas en el agua hirviendo, a fuego alto por 15 minutos. Escurrir sobre un colador y luego licuar con la mantequilla, el queso y los huevos.

Enharinar una refractaria. Verter el licuado y hornear a 220°C (425°F) hasta dorar ligeramente. Servir de inmediato.

PARA 6 PERSONAS

Brócoli en mantequilla

Entrada o acompañamiento
para todas las carnes y aves

4 lb de brócoli (separar los tallos de los ramos
y cortarlos a lo largo)
agua hirviendo, cantidad suficiente
sal y pimienta, al gusto
1/4 lb de mantequilla

Cocinar el brócoli en el agua con sal, hasta que esté tierno. Escurrir y enjuagar con agua muy fría. Aparte, derretir la mantequilla, incorporar el brócoli y revolver. Rectificar la sazón. Servir bien caliente.

PARA 6 PERSONAS

Moussaka

Plato fuerte

1 1/2 lb de carne molida de res
3 cebollas blancas, picadas
1 1/2 tazas de aceite
1 diente de ajo grande o 2 pequeños, pelados
2 hojas de laurel
1 diente de ajo grande, o 2 pequeños, pelados
2 hojas de laurel
1 cdita. de tomillo en polvo
sal y pimienta negra, al gusto
3 berenjenas grandes con cáscara, lavadas
y cortadas en rodajas finas, remojadas en agua
con sal durante 1/2 hora
1 1/2 tazas de salsa blanca (ver pág. 148)
1/2 taza de queso Parmesano rallado

Mezclar la carne con las cebollas. Reservar.

Aparte, calentar 5 cucharadas de aceite a fuego alto y dorar el ajo. Retirar, descartar el ajo e incorporar la carne con la cebolla al recipiente con el aceite. Agregar el laurel, tomillo y pimienta negra; revolver, tapar y cocinar a fuego medio por 10 minutos. Sazonar con sal y reservar tapado.

Aparte, en otra sartén, calentar el aceite restante a fuego alto. Escurrir las berenjenas y secarlas con una tela. Freírlas en el aceite hasta dorar por ambos lados. Retirar con espumadera y presionarlas con una cuchara para que el exceso de aceite caiga en la sartén. Escurrirlas sobre toallas de papel.

En una refractaria, disponer capas alternadas de berenjenas y carne; terminar con una de berenjenas. Cubrir con salsa Béchamel y rociar con el queso. Hornear a 220°C (425°F) hasta dorar ligeramente la superficie. Servir muy caliente.

PARA 6 PERSONAS

Calabacín al horno

*Acompañamiento para todas
las carnes y aves*

*1 taza de aceite
4 cebollas blancas medianas, cortadas
en cascos finos
2 lb de calabacines (pelar dejando
1 tira de cáscara alternada en el calabacín),
cortados en rodajas gruesas
sal y pimienta, al gusto
4 cdas. de queso Parmesano rallado*

Precalentar el horno a 220°C (425°F).

Calentar 2 cucharadas de aceite en una sartén a fuego alto, y sofreír la cebolla sin dorar.

Salpimentar las rodajas de calabacín. Calentar el aceite restante en una sartén grande a fuego alto. Incorporar una capa de rodajas de calabacín, sin encimarlas. Freír por ambos lados. Escurrir y disponerlas en una refractaria.

Continuar friendo el calabacín, por tandas, hasta terminarlo.

En la refractaria, alternar capas de calabacín y de cebolla, terminando con una capa de cebolla. Espolvorear con el queso y hornear por 15 minutos. Servir de inmediato.

PARA 6 PERSONAS

Calabacines rellenos con carne

Acompañamiento para arroz o papas

*12 calabacines pequeños
1 lb de carne molida de res o ternera
2 huevos batidos
3 dientes de ajo, finamente picados
tajadas de pan sin corteza, remojadas
en agua y exprimidas
1 cdita. de orégano, finamente picado
sal al gusto
5 cdas. de aceite de oliva
2 cditas. de perejil, finamente picado*

Cortar las puntas de los calabacines y retirar con cuidado la pulpa, dejando un poco en el centro para que no se partan. Reservar.

Aparte, mezclar la carne molida con los huevos, ajos, pan, orégano, sal y la pulpa picada; rellenar los huecos del calabacín utilizando una manga pastelera o cucharita.

Calentar el aceite a fuego alto y freír los calabacines rellenos por 10 minutos. Pasarlos a una refractaria, rociar con el aceite de la sartén y hornear a 205°C (400°F) por 20 minutos.

Salpicar con el perejil y servir de inmediato en la refractaria.

PARA 6 PERSONAS

Pisto

Acompañamiento para carnes,
huevos o papas.

6 cdas. de aceite
1/2 lb de cebolla blanca, finamente picada
1 diente de ajo, triturado
2 lb de pimiento, sin semillas
y cortado en trocitos
2 lb de calabacín, pelado y cortado en cubitos
2 lb de tomate, pelado
y cortado en cubitos (ver pág. 7)
sal al gusto

Calentar bien el aceite en una sartén grande a fuego alto, y sofreír la cebolla y el ajo sin dorar, añadir los pimientos y cocinar por unos minutos a fuego medio. Reservar.

Aparte, colocar los calabacines y los tomates en un recipiente. Cubrir con la mezcla de cebolla y pimientos reservada.

Sazonar con sal y cocinar tapado, a fuego bajo, hasta que todo esté tierno. Servir de inmediato.

PARA 6 PERSONAS

Cebollitas en vinagre

Aperitivo o acompañamiento
para todas las carnes y pescados

cebollitas rojas o blancas, peladas
agua caliente, cantidad necesaria
vinagre blanco
semillas de eneldo
granos de pimienta negra
sal al gusto
1 pizca de chile en polvo (opcional)

Cubrir las cebollitas con agua caliente y cocinar a fuego alto por 8 minutos, contados desde el primer hervor. Escurrir y colocarlas en un recipiente no metálico, con tapa. Verter el vinagre hasta cubrir.

Agregar el eneldo, los granos de pimienta, un poco de sal y, si lo desea, el chile. Tapar y dejar macerar por una semana, o más. Se conservan bastante tiempo sin alterarse.

Nota: en esta receta no se indican cantidades pues dependen no sólo de la sazón personal, sino también de la cantidad que se va a preparar.

Coliflor al ajo arriero

Entrada

3 lb de coliflor, separada en flores
agua, cantidad necesaria
sal al gusto
4 cdas. de aceite
2 dientes grandes de ajo
1 cdita. de paprika
2 cdas. de vinagre
1 cda. de perejil, picado

Hervir la coliflor en agua con sal, a fuego alto; cocinar hasta que esté tierna. Tapar y dejar reposar al baño maría.

Aparte, calentar el aceite y dorar los ajos. Retirar y reservar. Quitar la sartén del fuego y mezclar el aceite con la paprika y el vinagre.

En un mortero, triturar los ajos reservados con el perejil y una pizca de sal hasta obtener una pasta. Retirar 4 cucharadas del líquido de cocción de la coliflor y desleír la pasta de ajo en éste. Mezclarlo con el aceite de la sartén y calentar bien.

Cubrir la coliflor con esta salsa de ajo. Servir de inmediato.

PARA 6 PERSONAS

Coliflor frita

Entrada o acompañamiento para todas las carnes, aves y arroz.

3 lb de coliflor, separada en flores
agua hirviendo, cantidad necesaria
sal al gusto
$1/2$ taza de harina de trigo
2 huevos batidos
$1/2$ taza de aceite

Cocinar la coliflor a fuego alto en agua hirviendo con sal, hasta que esté tierna. Escurrir. Rebozar las flores en la harina y luego en el huevo batido con un poco de sal.

Calentar bien el aceite a fuego alto y freír las flores por tandas, sin encimar, hasta dorar por todos lados. Escurrir sobre toallas de papel y servir calientes.

PARA 6 PERSONAS

Champiñones fritos

Entrada o acompañamiento para todos los platos

$1 1/2$ lb de champiñones, cortados en mitades
(ver pág. 7)
$1/4$ lb de mantequilla
jugo de 1 limón
sal y pimienta, al gusto

Calentar la mantequilla con el jugo de limón. Incorporar los champiñones; tapar. Dejar hervir a fuego alto y luego continuar la cocción por 5 minutos más. Salpimentar y servir caliente.

PARA 6 PERSONAS

Champiñones gratinados

Entrada o acompañamiento para todos los platos

1 1/2 lb de champiñones
1 cebolla blanca mediana, finamente picada
6 cdas. de mantequilla
jugo de 1 limón
6 cdas. de queso Parmesano rallado

Salsa:

3 cdas. de mantequilla
2 cdas. de harina de trigo
2 tazas de leche hirviendo
2 cdas. de crema de leche
1 yema de huevo, batida
sal, pimienta y nuez moscada, al gusto

Cocinar los champiñones con la cebolla, 3 cucharadas de mantequilla y jugo de limón. Tapar y dejar a fuego medio por 5 minutos. Escurrir y reservar.

Para preparar la salsa, mezclar la mantequilla con la harina y la leche. Cocinar a fuego medio por 20 minutos, sin dejar de batir. Retirar del fuego y mezclar con la crema. Poner de nuevo al fuego y cocinar sin dejar hervir. Retirar del fuego y añadir la yema batida. Sazonar con sal, pimienta y nuez moscada.

Aparte, en una refractaria colocar los champiñones escurridos. Cubrir con la salsa y luego con el queso. Rociar con las 3 cucharadas restantes de mantequilla, derretida. Hornear a 220°C (425°F) hasta que doren. Servir de inmediato.

Para 6 personas

Champiñones salteados

Acompañamiento para todos los platos

6 cdas. de aceite de oliva
3 cdas. de cebolla blanca, finamente picada
3 dientes de ajo, finamente picados
1/2 taza de vino blanco seco
1 1/2 lb de champiñones
sal al gusto
2 cdas. de perejil, finamente picado

Calentar el aceite a fuego alto y freír la cebolla y el ajo hasta que comiencen a dorar. Verter el vino y dejar evaporar. Incorporar los champiñones y cocinar por 5 minutos. Sazonar con sal, agregar el perejil y revolver con cuidado. Retirar del fuego y dejar reposar tapado, por 5 minutos. Servir de inmediato.

Para 6 personas

Puré de polenta

Acompañamiento

3 tazas de harina de maíz (polenta)
4 tazas de agua • 4 tazas de leche
3 cdas. de mantequilla
sal al gusto
1/2 taza de queso bola rallado

Cocinar todos los ingredientes, excepto el queso, en un recipiente de fondo grueso, a fuego bajo. Revolver con cuchara de madera hasta que tenga la consistencia de un puré. Servir caliente, espolvoreado con el queso.

Para 6 personas

Espárragos en salsa vinagreta

Entrada

48 espárragos (6 a 8 espárragos por persona)
agua hirviendo, cantidad suficiente
sal al gusto
salsa vinagreta, al gusto (ver pág. 150),
en el momento de servir batirla con 2 yemas
de huevo duro picadas y 3 cdas. del líquido
de cocción reservado

Limpiar los espárragos, retirando la capa superior con un pelador de vegetales. Cortar los troncos, dejando los espárragos de 15 cm. Atarlos en 2 manojos y colocarlos en una refractaria donde quepan sin doblarse.

Agregar agua hirviendo y un poco de sal (el agua debe apenas cubrirlos). Taparlos con una servilleta para que absorba la espuma que despiden. Cocinarlos en horno a 205°C (400°F) por 40 minutos. Verificar la cocción y dejarlos más tiempo si aún no están cocidos. Retirar y dejar enfriar en el agua. Escurrir y reservar 3 cucharadas del agua, para mezclar con la salsa vinagreta.

Disponer los espárragos en recipientes de servir individuales y servir la salsa aparte, en una salsera. Servir fríos.

PARA 6 PERSONAS

Ensalada de espinaca y atún

Entrada

6 lb de espinaca, lavada con agua muy fría,
escurrida y cortada en tiras
1 lata de atún en aceite,
desmenuzado (reservar el aceite)
pimienta al gusto
un poco de aceite de oliva (si fuera necesario)

En una ensaladera, disponer las tiras de espinaca y el atún. Agregar el aceite reservado y un poco de aceite de oliva, si fuera necesario. Revolver. Sazonar con pimienta y servir.

PARA 6 PERSONAS

Espinacas al ajo

Acompañamiento para todas las carnes, vísceras, huevos y papas.

1 cda. de aceite
2 cdas. de mantequilla
3 dientes grandes de ajo, finamente picados
6 lb de espinacas sin tallo, lavadas con agua
muy fría (enteras, cortadas o picadas)
sal y pimienta, al gusto

Calentar el aceite con la mantequilla a fuego alto y sofreír el ajo sin dejar dorar. Incorporar la espinaca, revolver bien, rehogar durante unos minutos, salpimentar y servir caliente.

PARA 6 PERSONAS

Nido de espinacas con huevo

Entrada

Ver fotografía en la página 60.

1 cda. de mantequilla
3 cdas. de queso Parmesano rallado
6 lb de espinaca, escurrida
y cortada en tiras finas
6 huevos
sal al gusto

Salsa blanca:

2 cdas. de mantequilla
2 cdas. de harina de trigo
1 taza de leche hirviendo
sal, pimienta y nuez moscada, al gusto

Para preparar la salsa blanca: derretir la mantequilla a fuego alto, mezclar con la harina hasta obtener una masa compacta. Agregar la leche, poco a poco, sin dejar de batir. Sazonar con sal, pimienta y nuez moscada. Cocinar a fuego alto sin dejar de batir, hasta que espese.

Precalentar el horno a 220°C (425°F).

Aparte, engrasar 6 refractarias individuales con la cucharada de mantequilla. Rociar con 1/2 cucharadita de queso y disponer encima la espinaca, hasta la mitad de cada molde.

Con una cuchara, hacer un hueco en el centro de las espinacas y cascar encima 1 huevo. Sazonar con sal y rociar con 1/2 cucharadita de queso. Cubrir con la salsa restante y hornear por 12 minutos o hasta que los huevos estén cocidos. Servir de inmediato.

PARA 6 PERSONAS

Tarta de espinacas

3/4 lb de queso crema
4 huevos, separados
6 lb de espinaca, cocida y picada
sal y pimienta, al gusto
1 paquete (300 a 400 g) de masa de hojaldre,
descongelada a temperatura ambiente

Batir el queso con las yemas de huevo. Añadir las espinacas y luego salpimentar.

Batir las claras a punto de nieve e incorporarlas con movimientos envolventes a la mezcla de espinacas. Salpimentar y reservar.

Estirar la masa de hojaldre con rodillo y extenderla sobre un molde grande para hornear. Rellenar con la mezcla reservada. Hornear a 220°C (425°F) por 20 minutos.

Servir caliente.

PARA 6 PERSONAS

Nota: la espinaca puede remplazarse por berros.

Ratatouille

Entrada

3 calabacines, cortados en trozos finos
12 tomates medianos, pelados
y cortados en trozos (ver pág. 7)
1 cebolla blanca, picada
3 hojas de laurel
3 pimientos medianos, pelados
y cortados en trozos
sal y pimienta, al gusto
2 berenjenas grandes, peladas
y cortadas en trozos

Cocinar los calabacines a fuego bajo, tapado, hasta que suelten su jugo. A los 5 minutos de cocción incorporar el tomate, tapar y dejar hervir por 5 minutos más.

Incorporar la cebolla, laurel y pimiento. Salpimentar. Tapar y continuar la cocción por 5 minutos. Agregar las berenjenas, tapar y dejar hervir a fuego bajo por 15 minutos.

Servir de inmediato.

PARA 6 PERSONAS

Nota: las berenjenas siempre deben incorporarse después de la sal, porque de lo contrario quedan amargas.

Habichuelas con jamón

Entrada

2 1/2 lb de habichuelas, partidas en trozos
agua hirviendo, cantidad suficiente
sal y pimienta, al gusto
agua muy fría, cantidad suficiente
1/4 lb de mantequilla
1/2 lb de jamón, cortado en tiras

Cocinar las habichuelas a fuego alto, en agua hirviendo con sal, hasta que estén cocidas pero aún firmes. Escurrir en un colador y pasarlas por agua bien fría para que conserven su color.

Aparte, calentar la mantequilla a fuego alto. Incorporar el jamón y las habichuelas. Sazonar con pimienta.

Tapar y cocinar a fuego bajo hasta que las habichuelas estén tiernas. Revolver con frecuencia para que no se peguen. Si fuera necesario, agregar un poco de agua.

Servir de inmediato.

PARA 6 PERSONAS

Ensalada de lechuga

Acompañamiento para todos los platos

1 cdita. de aceite
1/2 lb de tocineta, cortada en trocitos
1 lechuga grande, partida en trozos
3 huevos duros, picados
1/2 taza de salsa vinagreta (ver pág. 150)

Calentar el aceite a fuego alto y dorar la tocineta. Retirar y escurrir sobre toallas de papel. En una ensaladera, disponer la lechuga y cubrir con el huevo y la tocineta. Verter la salsa vinagreta, mezclar bien y servir.

PARA 6 PERSONAS

Ensalada de maíz tierno con salsa tártara

Acompañamiento para todas las carnes

4 tazas de granos de maíz tierno
1 cdita. de azúcar
sal al gusto
3 tazas de agua fría
1 taza de salsa tártara (ver pág. 150)

En una olla de presión, cocinar el maíz con el azúcar, sal y agua, a fuego alto.

Cuando la olla comience a pitar, continuar la cocción a fuego medio por 30 minutos. Refrigerar el maíz en el agua de cocción.

Antes de servir, escurrir el maíz y disponer en una ensaladera. Mezclar bien con la salsa tártara y servir.

PARA 6 PERSONAS

Habichuelas y pimientos

Acompañamiento para todas las carnes y aves

1 1/2 lb de habichuelas, partidas en 3 trozos
agua hirviendo, cantidad suficiente
sal al gusto
agua muy fría, cantidad suficiente
3 cdas. de aceite
3 pimientos rojos grandes, sin semillas y cortados en finas tiras
3 dientes de ajo, picados
1 taza escasa de salsa de tomate (ver pág. 150)

Cocinar las habichuelas a fuego alto en agua hirviendo con sal, hasta que estén cocidas pero aún firmes. Escurrir en un colador y pasarlas por agua muy fría, para que conserven su color.

Aparte, calentar el aceite y freír los pimientos y los ajos a fuego alto. Incorporar las habichuelas y la salsa de tomate. Sazonar con sal. Cocinar a fuego bajo por 10 a 15 minutos (deben quedar jugosas).

Servir de inmediato.

PARA 6 PERSONAS

Ñame

Acompañamiento para todas las carnes

*2 lb de ñame, pelado y cortado
en rodajas gruesas
agua, cantidad suficiente
sal y nuez moscada, al gusto
1 cubo de caldo de res, desmenuzado
3/4 taza de crema de leche*

Colocar el ñame en un recipiente. Cubrir con agua y sazonar con una pizca de sal. Cocinar a fuego alto hasta que esté tierno, cuidando que no se deshaga. Escurrir y disponer en una refractaria. Espolvorear con el caldo de carne y nuez moscada. Agregar la crema de leche.

Precalentar el horno a 205°C (400°F). Hornear por 15 a 20 minutos y servir de inmediato.

PARA 6 PERSONAS

Nota: también se puede preparar con arracacha, zanahoria o yuca, en remplazo del ñame.

Papas coccotte

Acompañamiento

*2 lb de papas pequeñas, cortadas en mitades
agua, cantidad necesaria
sal y pimienta, al gusto
3 cdas. de mantequilla*

Hervir las papas con agua y sal, a fuego alto por 15 minutos. Retirar. Colocarlas en una refractaria. Rectificar la sazón. Rociar con mantequilla y hornear a 220°C (425°F) hasta que estén doradas. Servir de inmediato.

PARA 6 PERSONAS

Papas con perejil

Acompañamiento

*12 papas medianas, peladas
3 cdas. de mantequilla
sal y pimienta blanca, al gusto
agua fría, cantidad suficiente
2 cdas. de perejil, finamente picado*

En un recipiente, colocar las papas con la mantequilla, sal y pimienta. Cubrir con agua fría. Tapar y cocinar a fuego alto hasta que el agua se consuma por completo.

Agregar el perejil, tapar y dejar reposar por 5 minutos. Servir de inmediato.

PARA 6 PERSONAS

Papas exquisitas

Acompañamiento

*1/2 taza de aceite
3 dientes de ajo (2 picados, 1 entero)
2 lb de papa, pelada y cortada en cubos
2 cdas. de perejil, finamente picado
sal y pimienta blanca, al gusto*

Calentar el aceite en una sartén grande a fuego alto y dorar el ajo entero. Retirar el ajo e incorporar los cubos de papa. Tapar y cocinar a fuego medio hasta que estén dorados.

Aparte, mezclar los ajos picados con el perejil y verter sobre las papas. Salpimentar, tapar y dejar reposar por 1 minuto. Servir de inmediato, bien calientes.

PARA 6 PERSONAS

Papas gallegas

2 lb de papas sin pelar, bien lavadas y cortadas
en cuartos si son grandes (dejarlas enteras
si son pequeñas)
agua, cantidad suficiente
sal y pimienta blanca, al gusto
1/4 lb de tocino, cortado en cubos
1 diente de ajo, picado
1 hoja de laurel
1 1/2 cdas. de cebolla blanca, finamente picada
1 cda. de pimiento rojo, sin semillas
y finamente picado
1 cda. de vinagre blanco
2 cdas. de apio, finamente picado
2 cdas. de perejil, finamente picado
1/2 cdita. de tomillo en polvo

Hervir las papas en agua con sal, a fuego alto. Tapar y continuar la cocción a fuego medio por 20 minutos más. Escurrir y dejarlas reposar tapadas, por unos minutos, en el mismo recipiente.

Aparte, freír el tocino en una sartén a fuego alto, hasta que se vuelva chicharrón. Incorporar el ajo, laurel y cebolla. Freír por 4 minutos.

Añadir el pimiento y cocinar por 2 minutos. Agregar el vinagre, apio y perejil. Salpimentar y sazonar con tomillo.

Cocinar por unos minutos. Retirar el laurel. Mezclar bien y verter sobre las papas.

Servir caliente.

PARA 6 PERSONAS

Papas y tomates

1 1/2 lb de papa, pelada y cortada en rodajas
1 1/2 lb de tomate maduro, cortado en rodajas
sal y pimienta al gusto
3 cdas. de queso Parmesano rallado
1 cda. de perejil, finamente picado
2 cdas. de albahaca, finamente picada
2 cdas. de aceite de oliva
1/2 taza de agua hirviendo (si fuera necesario)

Engrasar una refractaria con mantequilla. Disponer una capa de papa y luego otra de tomate, cada una salpimentada y salpicada con queso, perejil y albahaca.

Continuar formando capas iguales. Terminar con una capa de papa y tomate juntos, combinando los colores para darle una buena presentación.

Salpicar con queso, perejil y albahaca. Rociar con aceite de oliva.

Hornear a 205°C (400°F) por 45 minutos. Si se espesa demasiado, agregar 1/2 taza de agua hirviendo.

Servir de inmediato.

PARA 6 PERSONAS

Papas al horno

Plato fuerte

2 lb de papa mediana, sin pelar
agua, cantidad suficiente
un poco de mantequilla para engrasar
la refractaria
1 lb de puerros (sólo parte blanca),
cortado en rodajas
1/2 lb de queso amarillo, cortado en finas tajadas
(reservar 2 tajadas para la última capa)
sal y pimienta, al gusto
2 ramitas de romero, finamente picado
1 huevo mezclado con 1/2 taza de crema de leche
3 cdas. de mantequilla, cortada en trocitos

Cocinar las papas en el agua, a fuego alto, hasta que estén tiernas. Dejar enfriar, pelar y cortar en finas rodajas.

Engrasar una refractaria con mantequilla y disponer capas alternas en el siguiente orden: papa, puerro y queso. Sazonar cada capa con sal, pimienta y romero.

Hornear a 205°C (400°F) por 20 minutos. Retirar del horno y rociar con el huevo mezclado con crema. Desmenuzar las 2 tajadas de queso reservadas y distribuir sobre la preparación. Cubrir con trocitos de mantequilla y hornear a 205°C (400°F) por 10 minutos. Servir de inmediato, con una ensalada.

PARA 6 PERSONAS

Papas rellenas

Acompañamiento

1/2 taza de aceite
1/2 lb de carne de res limpia, finamente molida
1/4 lb de carne de cerdo limpia, finamente molida
1 cebolla blanca grande, picada
2 dientes de ajo, picados
1/2 ramita de tomillo
sal y pimienta, al gusto
3 cdas. de alcaparras, escurridas y picadas
2 huevos duros picados
6 papas grandes peladas; retirar una "tapa"
gruesa en un extremo y ahuecar sin romperlas
(reservar la "tapa")
2 1/4 tazas de agua
3 cdas. de mantequilla, cortada en trozos
2 cdas. de perejil, finamente picado

Calentar el aceite en una sartén y freír ambas carnes, a fuego alto por unos minutos. Agregar la cebolla, ajos, tomillo, sal y pimienta. Tapar y cocinar a fuego medio hasta que la carne esté apenas cocida y jugosa. Retirar del fuego y dejar enfriar tapada.

Mezclar la preparación con las alcaparras y el huevo. Rellenar las papas y luego colocar la "tapa" reservada. Colocarlas paradas, con el relleno hacia arriba, en una olla grande y panda. Verter 2 tazas de agua. Cubrir con los trozos de mantequilla y salpimentar. Tapar y cocinar a fuego alto hasta evaporar el agua. Espolvorear con perejil y rociar las papas con 3 cucharadas de agua. Tapar y continuar la cocción por 2 minutos más. Servir de inmediato.

PARA 6 PERSONAS

Nota: las carnes de cerdo y res se pueden remplazar por 1 lata de atún en aceite.

Papas saladas

Acompañamiento

*12 papas medianas, sin pelar, lavadas
agua fría, cantidad suficiente
12 cditas. de sal*

Cocinar las papas cubiertas con agua, a fuego alto por 15 minutos. Deben colocarse en un recipiente grande, en una sola capa, sin encimar. A los 15 minutos de cocción, espolvorear cada papa con 1 cucharadita de sal (en este punto el agua ya no debe tocar la superficie de las papas). Descartar el agua sobrante. Tapar y cocinar hasta evaporar todo el líquido.

PARA 6 PERSONAS

Papas a la marsellesa

Acompañamiento

*8 papas grandes, peladas
y cortadas en finas rodajas
3 cebollas blancas medianas, peladas
y cortadas en finas rodajas
1 taza de queso blanco rallado
3 cdas. de mantequilla, cortada en trocitos
1 taza de leche, salpimentada al gusto*

En un recipiente no muy hondo, disponer por capas: papa, cebolla, queso y trocitos de mantequilla. Rociar cada capa con un poco de leche. Terminar con una capa de queso.

Cocinar a fuego medio por 5 minutos y luego continuar a fuego bajo por 30 minutos más, o hasta que las papas estén tiernas. Servir de inmediato.

PARA 6 PERSONAS

Pepinos de Oriente

*Acompañamiento para todos los platos,
especialmente para carnes.*

*4 pepinos cohombros largos, delgados
y bien verdes, lavados (sin pelar)
agua muy fría, cantidad suficiente
1 cdita. de sal
3 cdas. de azúcar
1 taza de vinagre blanco*

Con un pelador de vegetales, cortar los pepinos en rodajas muy finas del mismo tamaño. Sumergirlas por 2 horas en agua muy fría con sal; luego escurrirlas bien. En una ensaladera de vidrio, disolver el azúcar en el vinagre. Incorporar los pepinos y refrigerar por 2 horas más. Servir con el vinagre.

PARA 6 PERSONAS

Nota: este plato no debe servirse con vinos porque los anula.

Ensaladilla de pepino

Acompañamiento para carnes

*3 pepinos cohombros medianos, pelados
sal al gusto
1/2 taza de salsa vinagreta (ver pág. 150)*

Cortar los pepinos en mitades, retirar las semillas y luego cortar en rodajas finas. Sazonar con sal y dejar reposar por 2 horas. Escurrir y mezclar con la vinagreta. Servir.

PARA 6 PERSONAS

Nota: este plato no debe servirse con vinos porque los anula.

Torta de plátano

Acompañamiento para carnes
y vegetales

2 plátanos hartones bien maduros,
con cáscara y lavados
agua fría, cantidad suficiente
5 huevos batidos
2 cdas. de crema de leche
1/4 lb de queso doble crema, rallado
2 cdas. de azúcar
2 cdas. de uvas pasas, remojadas en agua
durante 2 horas
1/4 lb de mantequilla
2 bocadillos de guayaba, cortados
en tajadas finas

Cocinar los plátanos en el agua, a fuego alto por 1/2 hora. Escurrir y dejar enfriar. Pelarlos y triturarlos con un mazo de madera u otro instrumento no metálico, sobre una tabla, hasta obtener una pasta.

En un recipiente no metálico batir con cuchara de madera la pasta de plátano con los huevos, la crema, el queso y el azúcar, hasta obtener una masa suave.

Escurrir las uvas pasas y revolverlas con la masa para distribuirlas bien.

Engrasar un molde rectangular o redondo con abundante mantequilla. Colocar la masa. Salpicar con trocitos de mantequilla y hornear a 205°C (400°F) por 1 hora. Antes de retirarla del horno, cubrir con el bocadillo y dejar que se derrita sobre la superficie. Dejar enfriar en el molde, luego desmoldar y servir tibia.

PARA 8 PERSONAS

Nota: es mejor utilizar plátano grande (en Colombia: hartón o maduro), especial para cocinar.

Fritura de pimientos y tomates

Acompañamiento para todas las carnes,
aves y pescados.

1/2 taza de aceite
2 dientes de ajo
1 cebolla blanca grande, finamente picada
sal al gusto
6 pimientos medianos, sin semillas
y cortados en trozos (ver pág. 7)
6 tomates grandes, pelados
y cortados en cubitos
1/2 cdita. de azúcar
12 tostadas de pan de molde,
cortadas en triángulos

Calentar el aceite a fuego alto y freír los ajos y la cebolla. Sazonar con sal. Incorporar los pimientos, tapar y rehogar por unos minutos.

Agregar los tomates y el azúcar, tapar y cocinar a fuego bajo hasta que todo esté tierno. Descartar los ajos y servir de inmediato, en una bandeja.

Decorar alrededor con las tostadas.

PARA 6 PERSONAS

Pimientos rellenos fritos

Entrada

6 cdas. de aceite
1/2 lb de carne molida de res
3 cebollas blancas medianas, finamente picadas
6 cdas. de arroz, cocido por 12 minutos
con azafrán y sal
6 cditas. de uvas pasas, remojadas en agua
caliente por 1/2 hora y escurridas
3 dientes de ajo, picados
2 cdas. de perejil, picado
sal y pimienta, al gusto
6 pimientos rojos, lavados y sin semillas

Calentar 3 cucharadas de aceite a fuego alto, en una sartén. Incorporar la carne y la cebolla. Tapar y freír a fuego medio hasta que la carne esté apenas cocida y jugosa. Añadir el arroz, las uvas pasas, los ajos y el perejil. Salpimentar. Mezclar bien y rellenar los pimientos.

Colocarlos en una refractaria previamente engrasada con 1 cucharada de aceite. Rociar los pimientos con las 2 cucharadas restantes de aceite y hornear a 220°C (425°F) por 30 minutos. Servir de inmediato.

PARA 6 PERSONAS

Ensalada de remolacha

Acompañamiento para todas las carnes y aves

4 remolachas grandes con cáscara,
lavadas (ver pág. 7)
agua, cantidad suficiente
5 papas grandes, peladas y cortadas en mitades
sal y pimienta, al gusto
2 huevos
4 cdas. de vinagre
1/2 taza de aceite de oliva

En una olla de presión, cocinar las remolachas en agua, a fuego alto por 45 minutos, contados desde que la olla comience a pitar. Retirar y pelar mientras están calientes. Aparte, cocinar las papas en agua hasta que estén blandas.

Cocinar los huevos en agua con 1 cucharadita de sal (para que no se partan las cáscaras), durante 20 minutos. Enfriar con agua y pelar. Moler en máquina las papas y la remolacha.

Mezclar el vinagre, aceite, sal y pimienta; incorporar este aderezo a las papas y remolachas molidas. Dejar enfriar.

Colocar en un molde y refrigerar por 45 minutos. Desmoldar sobre una bandeja y salpicar con el huevo duro picado. Servir de inmediato.

PARA 6 PERSONAS

Repollo blanco

Acompañamiento para todas las carnes, especialmente de cerdo y para salchichas de ternera.

6 cdas. de mantequilla
6 dientes de ajo, finamente picados
1 repollo blanco grande, cortado en finas tiras y lavado
sal, pimienta y azúcar, al gusto

Derretir la mantequilla y agregar los ajos y el repollo. Salpimentar y cocinar a fuego bajo por 10 minutos, sin dejar de revolver. Retirar y servir.

PARA 6 PERSONAS

Repollo blanco al natural

Acompañamiento para todas las carnes

4 cdas. de mantequilla
4 lb de repollo blanco lavado, sin venas centrales y finamente picado
sal y pimienta blanca, al gusto
jugo de 1 limón

Calentar la mantequilla en un recipiente grande. Agregar el repollo y un poco de sal. Tapar y cocinar a fuego bajo hasta que se cocine en sus propios jugos. Debe quedar muy tierno y sin líquido. Salpimentar y sazonar con jugo de limón. Retirar a una ensaladera y salpimentar. Servir de inmediato, tibio.

PARA 6 PERSONAS

Envueltos de repollo blanco con foie gras

Entrada

16 hojas de repollo (escoger las más tiernas y grandes), lavadas
sal y pimienta, al gusto
6 tajadas de foie gras, de 50 g c/u
16 palillos de madera

En un recipiente grande, sumergir el repollo en agua hirviendo. Cocinar a fuego alto por 5 minutos. Refrescar con agua fría. Secar las hojas con una tela. Retirar la vena central y sazonar con una pizca de sal y pimienta. Poner 1 tajada de *foie gras* sobre cada hoja y envolver asegurando con un palillo de madera.

En la olla de presión, colocar la rejilla para cocinar al vapor; verter un poco de agua (no debe tocar la rejilla). Dejar hervir y luego colocar los envueltos sobre la rejilla. Tapar y cocinar por 4 minutos, contados desde que la olla comience a pitar.

Retirar, descartar los palillos y disponer sobre un plato. Rociar con sal y pimienta, al gusto. Servir de inmediato

PARA 6 PERSONAS

Nota: también se pueden preparar con tajadas de *pâté* en remplazo del *foie gras*.

Repollo morado con tocineta

Acompañamiento para todas las carnes

agua cantidad suficiente
sal al gusto
4 lb de repollo morado, sin venas centrales,
finamente picado
2 cdas. de aceite
1 cebolla blanca grande, picada
4 tomates medianos, pelados y picados
(ver pág. 7)
6 tajadas de tocineta, cortada en trocitos

Hervir el agua con un poco de sal, a fuego alto. Incorporar el repollo y cocinar hasta que esté un poco blando. Escurrir y reservar.

Calentar 1 cucharada de aceite a fuego alto y sofreír la cebolla por unos minutos. Agregar el tomate, tapar y dejar cocinar a fuego bajo hasta que suelte todos sus jugos. Retirar y reservar.

Aparte, en un recipiente grande, freír la tocineta con 1 cucharada de aceite, a fuego alto, sin dorar. Agregar el repollo y la salsa de cebolla y tomate. Revolver, tapar y cocinar a fuego bajo por 10 minutos.

PARA 6 PERSONAS

Nota: la tocineta suelta mucha grasa. Descartar un poco si no le gusta muy grasoso.

Repollitas a la crema

Acompañamiento para todas las carnes y aves

agua, cantidad suficiente
sal y pimienta, al gusto
3 lb de repollitas de Bruselas (retirar las hojas exteriores)
1 taza de crema de leche
1 cda. de curry en polvo

Hervir el agua con un poco de sal, a fuego alto. Incorporar las repollitas y cocinar por 20 minutos, sin tapar, para que conserven el color. Escurrir y luego mezclar con la crema de leche.

Salpicar con curry, sal y pimienta. Mezclar bien todo y cocinar a fuego bajo hasta que las repollitas hayan absorbido casi toda la crema. Servir muy caliente.

PARA 6 PERSONAS

Puré de tomate

2 cdas. de mantequilla
1 lb de tomates pelados, sin semillas
y partidos a mano en trocitos (ver pág. 7)
sal y azúcar, al gusto

Calentar las 2 cucharadas de mantequilla y sofreír los tomates. Agregar sal y azúcar, al gusto. Cocinar a fuego alto por 15 minutos, colar y reservar.

Tomates fritos a la americana

Acompañamiento para todos los platos

6 tomates, cortados en rodajas gruesas
sal y pimienta, al gusto
pan rallado, para rebozar
2 huevos, batidos
$1/2$ taza de aceite

Salpimentar las rodajas de tomate. Secarlas con una tela. Rebozar en pan rallado, luego en huevo batido y de nuevo en pan rallado.

Calentar bien el aceite a fuego alto y freír las rodajas de tomate hasta dorar por ambos lados. Escurrir sobre toallas de papel y servir muy caliente.

Para 6 personas

Yuca con queso

Acompañamiento para todas las carnes

2 lb de yuca pelada, sin fibras centrales,
lavada y cortada en trozos grandes
agua, cantidad necesaria
sal al gusto
$1/2$ taza de queso blanco rallado

Cocinar la yuca con el agua y sal a fuego alto, hasta que esté blanda. No debe deshacerse. Retirar de inmediato, escurrir y colocar en una bandeja. Espolvorear con el queso y servir caliente.

Para 6 personas

Tomates a la florentina

Entrada

12 tomates medianos
sal y pimienta, al gusto
1 atado grande de espinaca, limpia (ver pág. 7)
agua muy fría, cantidad suficiente
4 cdas. de mantequilla
$2^1/2$ cdas. de harina de trigo
2 tazas de leche hirviendo
1 huevo duro picado
1 taza de queso campesino, cortado en cubitos

Cortar la parte superior de los tomates. Retirar la "tapa" y quitar la pulpa con una cucharita. Sazonarlos con sal y escurrirlos boca abajo.

Aparte, cocinar la espinaca con el agua que haya quedado en las hojas al lavarlas y un poco de sal. Dejar hervir a fuego alto por unos minutos.

Retirar y pasar las espinacas por agua muy fría para que conserven su color. Exprimirlas con las manos y luego picar.

Calentar 3 cucharadas de mantequilla, mezclar con la harina, cocinar por unos segundos y añadir la leche poco a poco, sin dejar de revolver (no debe tener grumos). Sazonar con sal y mezclar con las espinacas, el huevo y el queso.

Rellenar los tomates con la mezcla. Engrasar una refractaria con la cucharada restante de mantequilla. Disponer los tomates rellenos y hornear a 220°C (425°F) por 20 minutos. Servir de inmediato.

Para 6 personas

Pastel de yuca

Plato fuerte

2 yucas grandes peladas, sin fibras centrales,
lavadas y cortadas en trocitos
agua, cantidad suficiente
2 huevos
6 cdas. de mantequilla
4 cdas. de aceite
2 cdas. de cebolla blanca, finamente picada
3 dientes de ajo, finamente picados
1 pimiento grande, sin semillas y picado
1 lb de carne molida de res
1 cda. de vinagre
sal y pimienta blanca, al gusto
1 cda. de alcaparras, picadas (opcional)
12 aceitunas deshuesadas, picadas (opcional)
1 huevo duro, picado (opcional)

Cocinar la yuca con agua a fuego alto, hasta que esté blanda. Pasarla por un prensapuré y luego amasar con los huevos y 4 cucharadas de mantequilla. Reservar.

Aparte, en una sartén, calentar el aceite y sofreír la cebolla y los ajos por 2 minutos a fuego alto. Incorporar el pimiento y sofreír por 3 minutos. Añadir la carne molida y rehogar por 3 minutos. Agregar el vinagre o si lo desea, remplazarlo por 1 cucharada del líquido de las alcaparras, si las está usando. Salpimentar y reservar.

Engrasar una refractaria honda con la mantequilla restante y cubrir el fondo con la mitad de la masa de yuca. Disponer encima una capa de carne molida de res. Salpicar con las alcaparras, aceitunas y huevo duro, si lo desea. Cubrir con la masa de yuca restante y alisar la superficie con una espátula. Rociar con unas gotas de mantequilla derretida. Precalentar el horno a 220°C (425°F) y luego dorar el pastel. Servir de inmediato.

PARA 6 PERSONAS

Zanahorias a la francesa

Acompañamiento para todas
las carnes, aves y pescados.

2 tazas de agua
10 zanahorias medianas, peladas
y cortadas en rodajas finas
2 1/2 cdas. de mantequilla
2 cdas. de azúcar
nuez moscada rallada, al gusto

En una olla de presión, hervir el agua, incorporar las zanahorias, tapar y cocinar por 1 minuto, contado desde que la olla comience a pitar. Retirar, escurrir y reservar.

En una sartén grande, dorar la mantequilla a fuego alto. Agregar las zanahorias y revolver, cuidando que no se rompan. Espolvorear con el azúcar y la nuez moscada.

Servir de inmediato.

PARA 6 PERSONAS

Boronía
(Alboronía)

Acompañamiento para carne asada

5 berenjenas medianas, peladas y cortadas
en trozos grandes (ver pág. 7)
agua fría, cantidad suficiente
2 plátanos maduros grandes con cáscara,
lavados y cortados en 3 trozos
4 cdas. de manteca de cerdo o aceite
1 diente de ajo grande o 2 medianos, pelados
1 cebolla blanca mediana, finamente picada
5 tomates medianos, pelados
y cortados en cubos (ver pág. 7)
1 cdita. de sal

Remojar las berenjenas en agua fría con sal durante 20 minutos; escurrir.

En un recipiente grande, cocinar a fuego alto las berenjenas y los plátanos cubiertos con agua, hasta que estén blandos. Escurrir, pelar los plátanos y triturar ambos hasta obtener un puré.

Aparte, calentar la manteca o el aceite a fuego alto y freír los ajos hasta dorar. Retirar y descartar. Incorporar la cebolla y sofreír, sin dorar, a fuego medio, agregar el tomate y dejar cocinar hasta formar una salsa. Revolver parte de la salsa con el puré de berenjena y plátano. Reservar caliente. En el momento de servir, cubrir el puré con la salsa restante.

PARA 6 PERSONAS

Ensalada rusa

**Acompañamiento para carne
de cerdo o salchichas**

Ver fotografía en la página 61.

2 tazas de agua
sal y pimienta, al gusto
2 pizcas de azúcar
1/2 lb de arvejas tiernas, desgranadas
agua muy fría, cantidad suficiente
4 lb de papa sin pelar, lavada
3 zanahorias medianas, peladas
y cortadas en cubos
1 frasco de puntas de espárragos,
escurridas y cortadas en cubitos
jugo de 1 limón
1 taza de mayonesa (ver pág. 148)
hojas de lechuga, para decorar

En un recipiente, hervir las 2 tazas de agua con sal y 1 pizca de azúcar. Incorporar las arvejas y cocinar a fuego bajo (para que no se desprendan las películas), hasta que estén tiernas. Escurrir y enjuagar con agua muy fría. Reservar.

Cocinar las papas; dejar enfriar, pelar y cortar en cubitos. Reservar.

Cocinar los cubos de zanahoria apenas cubiertos con agua y 1 pizca de azúcar por 14 minutos, contados desde el primer hervor. Enfriar en el líquido. Luego escurrir y reservar.

En una ensaladera, colocar las arvejas, papas, zanahorias y espárragos. Rociar con jugo de limón y salpimentar. Revolver con la mayonesa. Disponer en el centro de una bandeja. Decorar con hojas de lechuga alrededor. Servir frío.

PARA 6 PERSONAS

Postres

RECETAS PARA PREPARAR:

Flanes, natillas, macedonias, dulces, gelatinas, ponqués y galletas.

Arroz con leche a la crema

1/2 lb (225 g) de arroz
agua fría, cantidad suficiente
4 tazas de leche hirviendo
esencia de vainilla o cáscara de limón, al gusto
1 taza rasa de azúcar
canela en polvo o azúcar (opcional)

Cocinar el arroz cubierto con agua fría, a fuego alto por 5 minutos. Escurrir, refrescar con agua fría y disponerlo en el recipiente con la leche. Incorporar esencia de vainilla (o en vaina) o, si lo desea, cáscara de limón. Dejar cocinar a fuego alto. A los 20 minutos de cocción, agregar el azúcar y revolver. Cocinar hasta que esté tierno.

Verter sobre una fuente y dejar enfriar. Si lo desea, espolvorear con canela o azúcar; quemar con un hierro caliente hasta formar un enrejado.

PARA 6 PERSONAS

Cocadas

1 lata grande de leche condensada
1 coco pequeño, rallado
2 cdas. de mantequilla

Mezclar la leche condensada con el coco. Engrasar una lata para hornear con la mantequilla. Disponer cucharadas de la mezcla, separadas por un espacio, sobre la lata.

Hornear a 220°C (425°F) por 20 minutos. Retirar, dejar enfriar y servir.

Buñuelos de manzana

6 manzanas verdes medianas, peladas,
sin semillas ni corazón
1/2 cdita. de canela en polvo
1/2 taza de azúcar
4 cdas. de vino blanco
2 tazas de aceite
mermelada de piña

Pasta:

2 tazas de harina de trigo
2 cdas. de vino blanco
2 cdas. de aceite
1 cda. de azúcar
1 taza escasa de agua
2 claras de huevo, batidas a punto de nieve

Cortar las manzanas en rodajas de 3 cm de grosor. Espolvorear con la canela y 2 cucharadas de azúcar. Macerarlas en 4 cucharadas de vino blanco por 1 hora. Escurrir y reservar el líquido.

Para preparar la pasta, colocar la harina en un recipiente. Abrir un hueco en el centro y verter el vino, aceite y azúcar. Añadir el agua poco a poco, mezclar con batidora para que no queden grumos. Agregar las claras, con movimientos envolventes. Incorporar las rodajas de manzana, una a la vez (deben quedar bien cubiertas).

Aparte, calentar el aceite y freír las manzanas hasta dorar. Escurrir sobre toallas de papel. Colocarlas en una bandeja y espolvorearlas con azúcar mientras están calientes.

Mezclar el líquido reservado en que se maceraron las manzanas con mermelada de piña y servir aparte, con los buñuelos.

PARA 6 PERSONAS

Fondue de frutas y chocolate

Ver fotografía en la página 62.

2 1/2 tazas de agua
esencia de vainilla y canela en polvo, al gusto
1/2 taza de azúcar pulverizada
8 cdas. de cacao
1 1/2 cdas. de fécula de maíz disueltas
en 1 cda. de agua fría
1 1/2 cdas. de mantequilla

Frutas:

2 peras peladas, sin semillas ni corazón,
cortadas en cubos
2 bananos pelados y cortados en rodajas gruesas
cascos de naranja, sin piel ni semillas
uvas verdes lavadas
3 rodajas gruesas de piña, cortadas en cubos
1 frasco de cerezas marrasquino

En un recipiente para *fondue*, colocar el agua, vainilla, canela y azúcar. Cocinar por 2 minutos. Agregar el cacao y la fécula, dejar cocinar por 2 minutos a fuego bajo para que el cacao conserve su consistencia. Retirar del fuego y agregar la mantequilla.

Disponer la fruta en platos separados y servir colocando éstos alrededor del recipiente con el *fondue*.

PARA 6 PERSONAS

Islas flotantes

Ver fotografía en la página 63.

3 huevos grandes, separados
1 1/2 tazas de azúcar
1 pizca de sal
2 tazas de leche caliente
1 cdita. de esencia de vainilla
1/2 taza de agua
1 cda. de jugo de limón más 8 gotas adicionales

Batir rápidamente las 3 yemas de huevo con 4 cucharadas de azúcar y la sal. Incorporar la leche caliente, poco a poco, revolviendo con cuchara de madera. Hervir sin dejar de revolver hasta obtener una crema suave y espesa. Retirar del fuego y mezclar con la vainilla. Dejar enfriar.

Aparte, preparar un almíbar con 1 taza de azúcar, 1/2 taza de agua y 1 cucharada de jugo de limón. Cocinar a fuego alto y verificar el punto tomando un poco de almíbar entre los dedos. Al separarlos, debe formar un hilo sin romperse. Reservar.

Batir las claras con 8 gotas de jugo de limón, a punto de nieve. Mezclar con 7 cucharadas de azúcar hasta obtener un merengue. Cocinar los merengues en el almíbar reservado hasta que esté compacto.

Colocar la crema en un plato de vidrio y encima verter cucharadas de merengue. Servir frío.

PARA 6 PERSONAS

Fresas y naranja

agua fría, cantidad suficiente
1/2 cdita. escasa de permanganato de potasa
2 lb de fresas, lavadas y sin tallos
18 cditas. de jugo de naranja
azúcar al gusto
2 naranjas ombligonas pequeñas, separadas
en cascos, sin piel ni semillas

En un recipiente, mezclar el agua con el permanganato de potasa.

Sumergir las fresas por 15 minutos en el agua con permanganato, para eliminar las amebas y bacterias y darles más aroma y sabor. Retirar, lavar con agua fría y escurrir por 5 minutos.

Colocarlas en una fuente de vidrio, rociar con el jugo de naranja y espolvorear con azúcar. Decorar con los cascos de naranja y servir.

PARA 6 PERSONAS

Nota: el permanganato de potasa se consigue en las droguerías.

Macedonia de frutas

Ver fotografía en la página 64.

1/2 taza de agua
1/2 taza de azúcar
2 melocotones pelados, deshuesados
y cortados en cubos
1/2 lb de uvas o fresas, lavadas
2 peras peladas, sin corazón y cortadas en cubos
3 manzanas peladas, sin corazón
y cortadas en cubos
3 naranjas, peladas, sin semillas
y cortadas en cubos
3 rodajas gruesas de piña, cortadas en cubos
2 bananos, pelados y cortados en cubos
2 copas de vino blanco
gotas de marrasquino (opcional)

Preparar un almíbar con el agua y el azúcar, a fuego alto. Dejar hervir y verificar el punto de cocción (ver nota). Retirar y refrigerar.

Mezclar las frutas en una ensaladera de vidrio. Verter el almíbar frío y el vino; revolver. Si desea usar el marrasquino, las frutas quedarán deliciosamente perfumadas. Servir muy frío.

PARA 6 PERSONAS

Nota: para verificar el punto de cocción del almíbar, tomar un poco de éste entre los dedos. Al separarlos, debe formar un hilo sin romperse.

Magdalenas

mantequilla para los moldes
2 huevos grandes
1/2 taza más 4 cdas. de azúcar
1 pizca de sal
1 taza más 1 cda. de harina de trigo
6 1/2 cdas. rasas de mantequilla derretida
cáscara rallada de 1 limón
1 cdita. de levadura de cerveza

Engrasar los moldes con la mantequilla.

Precalentar el horno a 220°C (425°F).

Mezclar los huevos con el azúcar y sal hasta que estén blancos. Incorporar poco a poco la harina, mantequilla derretida, cáscara rallada de limón y levadura. Mezclar bien y rellenar cada molde hasta la mitad. Hornear por 7 minutos. Servir frías.

PARA 30 UNIDADES

Melado con cuajada

1 lb de cuajada, cortada en tajadas
1/2 cdita. de sal
3 tazas de panela rallada

Colocar las tajadas de cuajada sobre una refractaria. Espolvorear con sal y panela. Hornear a 220°C (425°F) hasta que la panela y el suero de la cuajada formen un melado. Servir caliente.

PARA 6 PERSONAS

Manzanas al horno

6 manzanas verdes grandes, sin pelar
(o manzanas de Boyacá)
1/2 taza de azúcar
2 cdas. de mantequilla
1 taza de vino banco o Jerez

Retirar el corazón de las manzanas por un extremo, dejando el fondo intacto. Rellenar el hueco con azúcar y mantequilla.

Disponer las manzanas en una refractaria. Rociar con el vino y hornear a 205°C (400°F) por 30 minutos. Deben tener un lindo color. Dejar reposar por 5 minutos para que absorban el vino de la refractaria.

PARA 6 PERSONAS

Natilla

1 1/2 tazas de fécula de maíz
2 litros de leche fría
1 panela, partida en trocitos
canela al gusto
1 cda. de mantequilla
salsa de manzana o de fresa, moras o curuba,
al gusto (para acompañar)

En una paila o recipiente ancho, disolver la fécula en la leche fría. Agregar la panela y la canela. Cocinar a fuego alto, sin dejar de revolver con cuchara de madera hasta que espese.

Añadir la mantequilla y continuar la cocción sin dejar de revolver, hasta que se desprenda de los lados y del fondo del recipiente. Servir con la salsa de su elección.

PARA 6 PERSONAS

❇ Charlotte de frutas

15 a 20 cdas. de azúcar (según el gusto)
$^1/_2$ taza de agua
3 cdas. rasas de gelatina sin sabor
2$^1/_2$ tazas de pulpa de guanábana, sin semillas
1 taza de crema de leche

Salsa caliente de mango:

2$^1/_2$ tazas de pulpa de mango maduro, pelado
4 cdas. de azúcar

Para el *charlotte*, preparar primero un almíbar con 15 cucharadas de azúcar y $^3/_4$ taza de agua. Hervir por 5 minutos a fuego alto e incorporar la gelatina, revolviendo hasta disolverla. Dejar enfriar sin que cuaje.

Triturar la pulpa de guanábana hasta obtener un puré y mezclar con el almíbar frío.

Aparte, batir la crema de leche con un poco de azúcar hasta ligar. Mezclar con la fruta y el almíbar y verter en un molde ligeramente engrasado con aceite. Refrigerar, mínimo por 3 o 4 horas.

Para preparar la salsa de mango, cocinar la pulpa con el azúcar hasta que esté cremosa. Reservar caliente.

En el momento de servir, desmoldar el *charlotte* sobre una bandeja y acompañar con la salsa caliente.

PARA 6 PERSONAS

Nota: Tanto el *charlotte* como la salsa se pueden preparar con cualquier fruta. Lo importante es que los colores y sabores contrasten.

Postre de peras

2 latas grandes de leche condensada
4 latas de leche (medida en las latas
de leche condensada)
3 huevos, separados
1 lata grande de peras en almíbar
(reservar el líquido)
3 cdas. de azúcar

Mezclar la leche condensada con las 4 medidas de leche. Batir las yemas de huevo y revolver con las leches. Dejar hervir; revolver sin cesar con cuchara de madera. Retirar y reservar.

Aparte, cocinar el almíbar reservado con el azúcar, a fuego alto hasta que espese. Batir las claras a punto de nieve y verter poco a poco en el almíbar.

Disponer las peras en una refractaria. Agregar la salsa de leche reservada y luego el almíbar.

Precalentar el horno a 235°C (450°F) y hornear las peras hasta dorar. Servir.

PARA 6 PERSONAS

Postre de moras

2 tazas de agua
2 tazas de moras grandes sin tallo, lavadas
100 g de fécula de maíz
2 tazas de azúcar
1 taza de crema de leche muy fría
1/2 cdita. de esencia de vainilla

Colocar el agua y las moras en un recipiente y dejar hervir a fuego alto. Cocinar por 10 minutos más, contados desde el primer hervor.

Retirar del fuego y licuar. Colar y medir el líquido. Deben obtenerse 31/2 tazas. Si faltara, agregar agua fría hasta completar.

Colocar en un recipiente, agregar la fécula y disolver. Añadir 11/2 tazas de azúcar y cocinar a fuego alto, sin dejar de revolver con cuchara de madera, hasta obtener una crema espesa y suave. Reservar.

Mojar un molde con agua muy fría (para facilitar el desmolde), escurrir y verter la preparación reservada. Refrigerar.

Aparte, licuar la crema de leche muy fría con el azúcar restante y la vainilla.

Para servir, desmoldar el postre sobre una bandeja y rociar con la crema de leche.

PARA 6 PERSONAS

Postre de ciruelas

1 lb de ciruelas pasas, remojadas desde la víspera
en 5 tazas de agua caliente
1/2 taza de azúcar
3 sobres de gelatina sin sabor
11/2 tazas de salsa inglesa (ver pág. 148)

Batido blanco:

3 claras de huevo batidas a punto de nieve
con 1/2 taza de azúcar y 4 gotas
de jugo de limón.

Escurrir y deshuesar las ciruelas. Reservar 5 tazas del agua en remojo.

Licuar las ciruelas con el azúcar y 1 taza del agua reservada. Calentar otras 3 tazas del agua y disolver la gelatina. Mezclar bien y agregar la taza de agua restante, fría; luego batir con el licuado de ciruelas.

Enfriar un molde con agua helada. Escurrir y verter la preparación. Refrigerar, mínimo por 3 horas. Desmoldar sobre un plato grande y rociar con la crema inglesa.

Decorar con el batido blanco.

PARA 6 PERSONAS

❄ Flan de piña

1 piña grande
1 lb de azúcar más 3 cdas. adicionales
9 huevos
2 cdas. de jugo de limón

La víspera: pelar la piña, cortarla en trocitos; licuar sin agregar agua. Pasarla a un recipiente a través de un colador fino y añadir 1 lb (450 g) de azúcar. Cocinar a fuego alto hasta obtener un almíbar. Retirar y dejar reposar en lugar fresco hasta el día siguiente.

Al día siguiente batir los huevos y mezclar con el almíbar.

En un molde de bordes lisos, a fuego alto, cocinar las 3 cucharadas adicionales de azúcar con el jugo de limón hasta que tenga color oscuro (caramelo). Retirar del fuego y deslizar el caramelo por los lados y el fondo de molde. Verter la mezcla de huevos y almíbar.

Precalentar el horno a 205°C (400°F). Cocinar el flan al baño maría, en el horno. El agua del segundo recipiente debe llegar a la mitad de molde, para que al hervir no caiga sobre el flan.

Hornear por 2 a 2¹/₂ horas. El flan no debe hervir en el molde porque queda con huecos. Tapar, si la superficie se dora antes de concluir el tiempo de cocción.

Para verificar si el flan está cocido, introducir un cuchillo hasta el fondo; debe salir limpio. Retirar del horno y dejar enfriar. Desmoldar sobre una bandeja y servir frío.

PARA 6 PERSONAS

Nota: este postre debe prepararse con 1 día de anticipación.

❄ Gelatina de vino y frutas

16 cdas. de gelatina sin sabor
un poco de agua tibia
jugo de 1 limón
1 botella de vino blanco seco
8 a 10 cdas. de azúcar (según el gusto)
2 lb (1 kg) de frutas surtidas al gusto, peladas,
sin semillas y cortadas en cubitos

Disolver la gelatina en el agua tibia. Añadir el jugo de limón y el vino. Agregar el azúcar y disolver bien.

En un molde, verter 1 cm de la gelatina y refrigerar hasta que cuaje. Si se desea, incrustar trozos de fruta de manera decorativa, cuando empiece a cuajar.

Retirar del refrigerador y colocar encima las frutas elegidas. Llenar el molde con la gelatina de vino restante. Calentarla un poco si comenzó a cuajar.

Dejar enfriar y verter sobre la fruta. Refrigerar, mínimo por 2 o 3 horas. Desmoldar sobre una bandeja y servir.

PARA 6 PERSONAS

❋ Ponqué negro

1/2 lb de ciruelas pasas, deshuesadas
y cortadas en trozos
1/2 lb de uvas pasas
(remojar las ciruelas y uvas pasas desde
la víspera, en 1/2 botella de vino Oporto)
1 lb de azúcar
1 lb de mantequilla a temperatura ambiente
(reservar un poco de mantequilla para el molde)
12 huevos
1 lb de harina de trigo
4 cdas. de polvo para hornear
1/2 cdita. de sal
1/2 lb de nueces trituradas
1 frasco de tintura de panela
cáscara rallada de 2 limones
cáscara rallada de 1 naranja (reservar el jugo)
1/4 cdita. de nuez moscada rallada
2 copas de brandy
1 cda. de canela en polvo
1 cda. de clavo de olor en polvo
1/2 botella de vino Oporto

Batir el azúcar con la mantequilla hasta que esté cremosa. Agregar los huevos, uno a la vez, revolviendo e intercalando con la harina, cernida con el polvo para hornear y la sal. Incorporar las nueces, tintura de panela, cáscaras ralladas, jugo de naranja, nuez moscada, brandy, canela y clavo de olor. Batir y agregar las ciruelas, las uvas pasas y el vino de remojo. Mezclar bien.

Engrasar un molde grande con mantequilla y verter la preparación.

Precalentar el horno a 220°C (425°F) y hornear el ponqué por 1 hora. Para verificar la cocción, al introducir un cuchillo hasta el fondo, debe salir limpio. Si no lo está, hornear por unos minutos más. Dejar reposar en el molde hasta que esté frío. Desmoldar y envolver el ponqué con un paño de cocina empapado con la 1/2 botella de vino Oporto. Servir sobre una bandeja.

❋ Tarta de manzana

6 manzanas verdes (o de Boyacá) grandes
4 cdas. de azúcar
3 astillas de canela
4 cdas. de mantequilla
7 cdas. de harina de trigo
1/2 cdita. de polvo para hornear
1 pizca de sal
1 huevo

Pelar las manzanas, retirar las semillas y corazones. Cocinarlas a fuego bajo con el azúcar y la canela, hasta obtener un puré. Retirar del fuego, descartar las astillas de canela y reservar.

Sobre una superficie de trabajo, disponer la mantequilla, alrededor de ésta la harina cernida con el polvo para hornear y la sal y el huevo. Amasar hasta que esté suave. Dejar reposar la masa por 30 minutos, cubierta con una tela húmeda.

Engrasar un molde para tarta con un poco de mantequilla. Espolvorear con harina y eliminar el exceso. Reservar.

Sobre una tabla enharinada, estirar la masa con rodillo hasta 1 cm de grosor. Cubrir el molde con la masa. Pinchar el fondo y los lados para que no se levanten al hornear. Recortar decorativamente la masa sobrante de los bordes. Amasar de nuevo los sobrantes y cortar en tiras del mismo ancho.

Verter el puré de manzanas sobre la masa y disponer encima las tiras, formando un enrejado. Presionar las tiras contra los bordes, para sellar.

Precalentar el horno a 220°C (425°F). Hornear hasta que esté dorada. Servir.

Para 6 personas

Salsas

CONTIENE RECETAS PARA PREPARAR SALSAS:

Saladas, agridulces y dulces

Alioli

4 dientes grandes de ajo, pelados y picados
sal y pimienta, al gusto
2 yemas de huevo
1 vaso de aceite de oliva
2 cditas. de jugo de limón
4 cdas. de agua tibia

En un mortero, triturar los ajos con sal y pimienta, hasta obtener una pasta.

En un recipiente mezclar la pasta con las yemas y, sin dejar de batir, añadir el aceite, primero por gotas y luego en un hilo fino y continuo. De la misma manera, verter el jugo de limón y luego el agua tibia, para evitar que la salsa se dañe.

Salsa agridulce

3 cdas. de fécula de maíz disuelta
en $1/2$ taza de agua fría
6 cdas. de vinagre
7 cdas. de salsa de tomate (de cualquier marca)
3 cdas. de salsa de soya
3 tazas de agua fría
$1/2$ cdita. de sal
7 cdas. de azúcar

Mezclar todos los ingredientes en un recipiente. Dejar hervir a fuego alto, revolver con frecuencia. Tapar y continuar la cocción a fuego bajo hasta que espese.

Salsa de aceitunas

$2^1/2$ cdas. de mantequilla
a temperatura ambiente
2 cdas. de cebolla, finamente picada
1 cda. de harina de trigo
$1/2$ vaso de caldo
1 ramita de perejil
$1/2$ vaso de Jerez
$1/2$ lb (225 g) de aceitunas deshuesadas
sal y nuez moscada, al gusto

Calentar la mitad de la mantequilla a fuego alto y sofreír la cebolla, sin dorar. Agregar la harina y dejar dorar. Verter el caldo y cocinar por 10 minutos; revolver frecuentemente.

Añadir el perejil, el Jerez y las aceitunas. Cocinar por 3 minutos. Retirar del fuego, sazonar con sal y nuez moscada y mezclar con la mantequilla restante.

Sugerencia: usar muy caliente, con carnes de res o de ternera.

Salsa de alcaparras

$1/4$ lb de mantequilla
1 frasco pequeño de alcaparras, escurridas
y trituradas

Derretir la mantequilla a fuego alto y rehogar las alcaparras por 3 minutos.

Sugerencia: utilizarla bien caliente, para sazonar pescados.

Salsa blanca
(Bechamel)

3¹/₂ cdas. de mantequilla
¹/₂ taza más 3¹/₂cdas. de harina de trigo
3 tazas de leche hirviendo
sal, pimienta y nuez moscada, al gusto

Calentar la mantequilla a fuego alto, incorporar la harina, cocinar sin dejar dorar y luego agregar la leche, poco a poco. Batir vigorosamente y sazonar con sal, pimienta y nuez moscada. Cocinar por 5 minutos más.

Sugerencia: sirve para acompañar pescados, papas y vegetales.

Mayonesa

1 yema de huevo
sal y pimienta blanca, al gusto
1 cda. de vinagre o 1 cdita. de jugo de limón
1 taza de aceite de oliva
2 cdas. de agua hirviendo

En un tazón, batir la yema con la sal, pimienta y vinagre o jugo de limón, usando un batidor. Incorporar el aceite de oliva poco a poco, en un hilo fino y continuo. Agregar el agua hirviendo y refrigerar hasta el momento de usar.

Nota: se puede preparar en licuadora, pero los ingredientes deben triplicarse.

Salsa de cebollas
(Salsa Soubire)

3 cdas. de mantequilla
1 cebolla blanca grande, picada
3¹/₂ cdas. de harina de trigo
3 tazas de leche caliente
sal, pimienta y nuez moscada, al gusto
4 cdas. de queso rallado

Derretir la mantequilla a fuego alto y sofreír la cebolla hasta que esté bien cocida, sin dorar. Agregar la harina y luego la leche. Batir para que no queden grumos. Sazonar con sal, pimienta y nuez moscada. Cocinar por 5 minutos, mezclar con el queso y colar.

Sugerencia: servir con pescado.

Salsa inglesa dulce

2 tazas de leche hervida mezclada
con 1 cucharadita de esencia de vainilla
(también puede usar una vaina, si lo prefiere)
¹/₂ taza de azúcar
3 yemas de huevos batidas
1 cucharada de fécula de maíz

Calentar la leche, el azúcar y las yemas de huevo, revolviendo constantemente con un batidor, hasta que espese. Retirar del fuego, sumergir el fondo de recipiente en abundante agua fría y continuar batiendo la salsa hasta que enfríe para que no se forme nata; refrigerar.

Salsa de mejillones

1 taza de agua
2 lb de mejillones pequeños, lavados
1 taza de salsa blanca (ver pág. 148)
1 copa de vino blanco
1 cda. de perejil picado
1/2 cdita. de jugo de limón
sal y pimienta, al gusto

Calentar el agua, incorporar los mejillones y dejar por unos minutos a fuego alto. Cuando las conchas se abran, retirar del fuego y dejar enfriar dentro del líquido. Descartar los mejillones que no se abran. Colar y reservar el líquido de cocción. Retirar la carne de las conchas.

Mezclar la salsa blanca con 1 taza del líquido de cocción reservado y el vino. Cocinar hasta que espese. Colar y luego incorporar la carne de los mejillones, perejil, jugo de limón, sal y pimienta.

Nota: esta salsa es exquisita con pescados cocidos.

Salsa Mornay

5 cdas. de mantequilla
2 1/2 cdas. de cebolla, finamente picada
1 zanahoria pequeña, cortada en finas rodajas
1 ramita de perejil, picada
2 cdas. de harina de trigo
2 tazas de leche hirviendo
sal, pimienta y nuez moscada, al gusto
2 cdas. de queso Parmesano rallado
2 cdas. de queso Gruyère rallado

Calentar la mitad de la mantequilla a fuego alto y sofreír la cebolla y la zanahoria con una pizca de sal, sin dejar dorar, por unos minutos. Agregar el perejil y la harina. Rehogar por unos segundos y añadir la leche, sal, pimienta y nuez moscada. Revolver hasta que esté sin grumos.

Cocinar a fuego bajo por 30 minutos. Colar, agregar los quesos y calentar bien. Retirar del fuego, incorporar la mantequilla restante y batir para que no forme una película en la superficie.

Salsa muselina

1/4 lb de mantequilla
1/2 lb de jamón, cortado en trocitos
1 taza de crema de leche
cáscara rallada de 1/2 limón
pimienta blanca, al gusto

Licuar todos los ingredientes por 2 minutos.

PARA 1 TAZA DE SALSA

Nota: el jamón puede remplazarse por atún en aceite, pescado ahumado o *pâté*.

Sugerencia: puede utilizarse en huevos rellenos para entremés y especialmente como salsa para pasta.

Salsa tártara

1 taza de mayonesa (ver pág. 148)
2 cdas. de chalote (o cebolla roja),
finamente picado
1 cdita. de perejil, picado
6 hojas de estragón, picado
2 cditas. de mostaza (preferentemente inglesa)
pepinillos encurtidos, finamente
picados (opcional)
huevo duro, picado (opcional)
sal y pimienta blanca, al gusto

Mezclar todos los ingredientes. Rectificar la sazón y reservar hasta el momento de usar.

Salsa de tomate

6 cdas. de aceite
1 diente de ajo, picado
1 1/2 cdas. de cebolla blanca, finamente picada
1 ramillete de hierbas, compuesto de 1 tallo
de apio y 1 ramita de perejil
2 lb de tomate, partido a mano en trocitos
1/2 cdita. de azúcar
orégano y laurel, al gusto
sal y pimienta, al gusto

Calentar el aceite a fuego alto y sofreír el ajo con la cebolla y el ramillete, sin dorar. Agregar el tomate, azúcar, orégano, laurel, sal y pimienta.

Cocinar a fuego bajo hasta que espese. Colar, presionando para extraer toda la salsa posible. Calentar y rectificar la sazón. Dejar espesar hasta el punto de su elección.

Salsa vinagreta

2 cdas. de aceite de oliva
1 cda. de vinagre
sal y pimienta, al gusto
ajo y perejil picado, al gusto (opcional)

Mezclar bien todos los ingredientes hasta formar una emulsión. Batir en el momento de servir.

Velouté de pescado

3 cdas. de mantequilla
6 cdas. de harina de trigo
2 tazas de caldo de pescado hirviendo
(ver pág. 15)
1 taza de leche
sal y pimienta, al gusto

Calentar la mantequilla a fuego alto y mezclar con la harina; rehogar y añadir el caldo. Mezclar con batidor hasta disolver bien. Incorporar la leche y dejar hervir. Salpimentar y cocinar por 5 minutos más.

Salsa de mantequilla

6 cdas. de mantequilla
1 1/2 cdas. de harina de trigo
1 taza de agua
1 pizca de sal
2 yemas de huevo
1 cda. de crema de leche
unas gotas de jugo de limón

Sobre una superficie de trabajo, amasar 1 cucharada de mantequilla con la harina.

Hervir el agua con la sal, a fuego alto, incorporar la masa y mezclar con batidor hasta disolver bien. Cocinar por 2 minutos. Retirar del fuego, agregar las yemas mezcladas con la crema de leche y perfumar con el jugo de limón. Pasar por colador. Devolver la preparación al recipiente, incorporar la mantequilla restante y mezclar bien. Reservar al baño maría hasta el momento de servir.

Nota: una vez incorporadas las yemas no se puede hervir más, porque se corta.

Salsa rosada
(*Salsa golf*)

5 cdas. de salsa vinagreta (ver pág. 150)
2 cdas. de salsa de tomate (de cualquier marca)
1 taza de salsa mayonesa (ver pág. 148)
1 o 2 cdas. de leche (según la consistencia)
sal, pimienta y azúcar, al gusto

Mezclar las salsas con la leche. Salpimentar y añadir azúcar al gusto.

Sugerencia: sirve para acompañar langostinos, camarones y ensaladas.

Glosario

ajiaco: plato típico colombiano. Sopa cremosa con papa y pollo.

alioli: (*all-i-oli*) salsa emulsionada a base de ajo y aceite, originaria de Cataluña (España). Suelen agregársele otros ingredientes, como queso, leche, nueces o almendras. Se usa para acompañar carnes a la parrilla, conejo, pollo, pescados y mariscos, entre otras.

arvejas: también llamada alverja, *petit pois.* Semilla de una planta leguminosa llamada también guisante.

auyama: clase de calabaza también llamada zapallo.

bagre: pescado de agua dulce, de gran tamaño.

bistec: carne fina asada, braseada o frita.

baño maría: método suave de cocción. También sirve para calentar alimentos. Consiste en colocar el recipiente con la preparación dentro de otro que contiene agua hirviendo, generalmente hasta la mitad de la altura del primero. Puede realizarse sobre estufa o en el horno.

bogavante: crustáceo decápodo marino. Se le suele confundir con la langosta a pesar de sus pinzas y su gran tamaño.

brasear: cocinar un alimento a fuego bajo en su propio jugo.

callo: también llamado mondongo, tripas. Es parte del estómago de res, de ternera o de cordero.

calado: galleta plana de harina de trigo, tostada.

caraota: fríjol negro pequeño.

cebolla larga: cebolla junca.

cocotte: recipiente para estofar, de barro o metal, con 2 asas y tapa de cierre hermético.

consomé: caldo claro de res o pescado.

cuajada: leche coagulada con cuajo.

chalote: también llamado chalota. Variedad de cebolla que puede remplazarse por cebolla roja.

chile: variedad de pimiento, picante o dulce. Ají.

decantar: pasar un líquido de un recipiente a otro, dejando el sedimento en el fondo.

escaldar: ablandar los alimentos por medio de una cocción breve.

escalfar: cocinar huevos en agua o caldo hirviendo.

escalope: tajada fina de carne blanca, de la tapa o rabadilla del animal.

escarola: lechuga crespa.

espumar: retirar la espuma que se forma en la superficie de los líquidos.

estofar: cocinar alimentos en un recipiente bien cerrado, para evitar la evaporación.

fríjoles: también llamados judías, porotos.

foie gras: pasta de hígado de ganso sometido a una alimentación especial.

glasear: abrillantar los alimentos.

guarnición: acompañamiento de un plato. A veces también es una decoración.

guasca: hierba de Colombia que crece en los Andes. Condimento imprescindible para el ajiaco.

habichuelas: judía verde.

limpiar: procedimiento mediante el cual se preparan para la cocción los alimentos. Los pescados se escaman y evisceran; las aves, se evisceran y se retiran las menudencias y grasas; en cortes de carne y vísceras como hígados, riñones y sesos, estos se recortan y se eliminan los nervios, grasa, membranas que los recubran, etc. Este procedimiento incluye el eliminar la sangre y sus adherencias, sumergiendo los sesos, mollejas, etc., en agua fría.

lomito: solomillo, lomo viche, lomo chiquito.

macerar: remojar por un tiempo elementos crudos, secos o confitados en un líquido (licor, vino, jarabe, etc.) para que éste los impregne con su aroma. Se aplica en especial a las frutas; si se trata de legumbres o carnes se usa más el término marinar.

melado: almíbar espeso preparado con panela.

minestrone: sopa de origen italiano preparada con verduras.

menudo: menudencias, vísceras de cualquier animal.

murillo: jarrete de res.

ñame: tubérculo que en Colombia se cultiva en la costa atlántica al que se le atribuyen propiedades curativas por contener cortisona. Es rico en almidón y se cultiva también en Asia y África.

ossobuco: corte de hueso de pierna de res, en rodajas con algo de carne.

Oxtail - Soup: sopa clásica de la cocina inglesa preparado con cola de buey perfumada con hierbas y aromatizada con Jerez, Cognac o Madeira.

papa: también patatas en algunos países. Tubérculo comestible harinoso originario de América.

perifollo: planta herbácea anual, umbelífera de hojas aromáticas que se emplea como condimento para ensaladas. Se puede remplazar por perejil, aunque no tiene el mismo sabor.

pimiento: también llamado pimentón, ají morrón.

polenta: maíz molido grueso.

plátano hartón: plátano para cocinar, de gran tamaño, que se come verde, a medio madurar, o completamente maduro. Es rico en almidones.

ponqué: torta, budín, bizcocho.

queso azul: tipo de queso como el Roquefort o el Gorgonzola.

rebozar: pasar un alimento por harina o huevo, antes de freírlo.

rehogar: cocinar un alimento a fuego bajo, con grasa (sin añadir agua), tapado, sin que tome color.

salpimentar: sazonar con sal y pimienta.

saltear: freír ligeramente, a fuego alto.

sofreír: saltear o freír sin dorar, a fuego alto.

tahine: pasta árabe con ajonjolí y aceite.

tapenade: puré de aceitunas negras y anchoas.

trinchar: cortar las carnes, aves, caza y pescados para servirlos a la mesa.

triturar: majar, machacar, desmenuzar.

Nota: para ocasiones especiales, cuando tenga tiempo para cocinar platos elaborados, recomiendo preparar las recetas precedidas por el símbolo ✿.

Índice de recetas

Aperitivos

Alas de pollo 9
Calamares rebozados 9
Fritos de berenjena 10
Rollos de espinaca con hígados de pollo 10
Pimientos en aceite 10
Rollitos de pan y jamón 11
Tahine con garbanzos 11
Apio con Camembert o queso crema 11
Tapenade 12
Tostadas con queso azul 12
Uvas con queso 12
❀ Croquetas de camarones 13

Caldos y sopas

Caldos
De ternera 15
De ave 15
De pescado 15
Sencillo 15
A la francesa 16
❀ Consomé de albondiguillas 16

Cremas
De auyama 17
Madrileña 17
De mazorca 18
De arvejas 18

Sopas
Gazpacho andaluz 19
De ajos 19
De cebolla 20
De camarones 20
Cremosa de coliflor 21

Al instante 21
De habas y acelga 22
De lentejas Esaú 22
De hierbabuena 23
De queso 23
De pescado al cuarto de hora 23
De zanahoria 24
Bortsch 24
❀ Ajiaco 25
❀ Bouillabaisse 26
❀ Goulash 27
❀ Oxtail-Soup 27
❀ Minestrone 28

Huevos

Duros con salsa
    de champiñones 30
Con pimientos 30
Escalfados con espinacas 31
A la romana 31
Tortilla de atún 32
Tortilla de champiñones 32
❀ Tortilla española de papa 33
Tortilla con chorizo 34
Tortilla con queso 34
Gratinados 34

Entradas frías y calientes

Aguacates mexicanos 36
Alcachofas a la bretona 36
Melón con jamón 36
Fritura de pimientos 37
Pimientos rellenos con cuajada 37

Pan con tomate y anchoas 37

Tomates asados 37

Tomates con albahaca y Mozzarella 38

Tomates rellenos con champiñones 38

Tostadas con champiñones 38

Frutos de mar

Almejas a la marinera 40

Atún o bonito encebollado 40

Atún o bonito a la vinagreta 41

Camarones con habas 41

Camarones tigre rebozados 42

Langostinos al curry 42

Mojarras fritas 43

Pargo a la inglesa 43

Merluza al vino 44

Sierra al horno 44

Truchas con mantequilla 45

Atún con habichuelas 45

❀ Canastilla de langosta a la mexicana . 46

❀ Langosta Thermidor 47

❀ Zarzuela de pescados 48

Aves

Pato con aceitunas 66

Pechugas de pollo con brócoli 66

Pechugas de pollo a la Kiev 67

Perniles de pollo con champiñones 67

Pollo asado en su jugo 68

Pollo salteado con espárragos 68

Pollo al limón 69

❀ Gallina en pepitoria 69

❀ Pato a la naranja 70

❀ Pavo con salsa de manzana 70

❀ Pollo en cocotte 71

Carnes

De ternera

Chuletas con puré de cebolla 73

Escalopes con salsa de almendras 74

Murillo al limón 74

Salchichas en vino 75

Steaks de ternera 75

Ternera asada en su jugo 76

❀ Blanqueta de ternera 76

Tortitas de hígado 77

Ternera braseada 77

❀ Ternera a la castellana 78

De cerdo

Lomo a la manzana 79

Lomito asado en su jugo 79

Chuletas en su jugo 80

Chuletas apanadas con salsa
de alcaparras 80

Costillas con salsa agridulce 81

Jamón al Jerez 81

❀ Pernil marinado 82

De res

Lomito al horno 83

Bistec con aguacate 83

Bistec de hígado 84

Filet Mignon 84

Bistec 85

Lomito al whisky 85

Riñones al Jerez 86

Rollos de carne 86

❀ Callos a la madrileña 87

❀ Carbonada 88

❀ Lengua con salsa de jamón serrano 88

❀ Ossobuco con champiñones 89

❀ Rosbif 89

De cordero

❀ Cazuela de cordero 90

❀ Pierna de cordero asada en su jugo .. 90

Arroces

Cocido en olla de presión 92
Con auyama 92
Con coco frito *(Titoté)* 93
Con champiñones 93
Con camarones 94
Con chorizos 95
A la milanesa 95
❁ Paella a la valenciana 96

Granos y legumbres

Caraotas 98
Ensalada de fríjoles blancos 98
Ensalada de garbanzos 99
Fríjoles al caserío 99
Fríjoles al estilo americano 100
Guiso de fríjoles verdes
 (Porotos a la chilena) 100
Lentejas a la burgalesa 101
Lentejas madrileñas 101
Potaje de garbanzos y espinacas 102
❁ Cassoulet 103

Pastas

Canelones rellenos con foie gras
 y espinaca 105
Canelones rellenos con ternera 106
Ensalada vistosa 106
Espaguetis con tocino 107
Fideos con almejas 107
Fettucini Alfredo 108
Linguine a la soltería 108
Tallarines al pesto 109
Tallarines verdes con jamón 109
❁ Lasaña 110

Vegetales

Guacamole 112
Apio gratinado 112
Ensalada de pimientos 112
Apio a la aragonesa 113
Ensalada de apio y manzana 113
Arvejas con atún 114
Arvejas a la francesa 114
Arvejas a la inglesa 114
Arvejas con jamón serrano 115
Arvejas estofadas 115
Berenjenas salteadas 116
Berenjenas fritas 116
Cebollas glaseadas 116
Moussaka 117
Torta de berenjenas 117
Brócoli en mantequilla 117
Calabacín al horno 118
Calabacines rellenos con carne 118
Pisto 119
Cebollitas en vinagre 119
Coliflor al ajo arriero 120
Coliflor frita 120
Champiñones fritos 120
Champiñones gratinados 121
Champiñones salteados 121
Puré de polenta 121
Espárragos en salsa vinagreta 122
Ensalada de espinaca y atún 122
Espinacas al ajo 122
Nido de espinacas con huevo 123
Tarta de espinacas 123
Habichuelas con jamón 124
Ratatouille 124
Habichuelas y pimientos 125
Ensalada de lechuga 125
Ensalada de maíz tierno
 con salsa tártara 125

Ñame 126
Papas coccote 126
Papas con perejil 126
Papas exquisitas 126
Papas gallegas 127
Papas y tomates 127
Papas al horno 128
Papas rellenas 128
Papas saladas 129
Papas de marsella 129
Pepinos de Oriente 129
Ensaladilla de pepino 129
Torta de plátano 130
Fritura de pimientos y tomates 130
Pimientos rellenos fritos 131
Ensalada de remolacha 131
Repollo blanco 132
Repollo blanco al natural 132
Envueltos de repollo blanco
    con foie gras 132
Repollo morado con tocineta 133
Repollitas a la crema 133
Puré de tomate 133
Tomates a la florentina 134
Tomates fritos a la americana 134
Yuca con queso 134
Pastel de yuca 135
Zanahorias a la francesa 135
Boronía (Alboronía) 136
Ensalada rusa 136

Postres

Arroz con leche a la crema 138
Buñuelos de manzana 138
Cocadas 138
Fondue de frutas y chocolate 139
Islas flotantes 139

Fresas y naranja 140
Macedonia de frutas 140
Magdalenas 141
Melado con cuajada 141
Manzanas al horno 141
Natilla 141
Postre de peras 142
❀ Charlotte de frutas 142
Postre de ciruelas 143
Postre de moras 143
❀ Flan de piña 144
❀ Gelatina de vino y frutas 144
❀ Ponqué negro 145
❀ Tarta de manzana 145

Salsas

Alioli 147
Agridulce 147
De aceitunas 147
De alcaparras 147
Blanca (Bechamel) 148
De cebolla (soubire) 148
Mayonesa 148
Inglesa dulce 148
De mejillones 149
Mornay 149
Muselina 149
Tártara 150
De tomate 150
Vinagreta 150
Velouté de pescado 150
De mantequilla 151
Rosada (golf) 151